MW00716441

Manifeste hédoniste

MICHEL ONFRAY

Manifeste hédoniste

SOMMAIRE

MICHEL ONFRAY

Abrégé hédoniste

*In memoriam Hérodote,
Pythoclès, Ménécée.*

1

Préambule

Dans la guerre qui a jadis opposé le matérialisme et l'idéalisme, les penseurs de l'ici-bas et les rêveurs de l'au-delà, les « amis de la terre » et les « amis du ciel » (pour le dire dans le vocabulaire de Platon, le grand gagnant...), la philosophie hédoniste gît du côté des vaincus ! Il y eut, très tôt, un moment symbolique et fondateur de ce conflit perpétuel : Platon eut un jour envie d'un immense autodafé avec les œuvres complètes de Démocrite, philosophe matérialiste, sensualiste, hédoniste, penseur de la raison pure et de la causalité rationnelle. Des amis lucides lui firent savoir que le philosophe qu'on dit présocratique (mais qu'est-ce qu'un présocratique qui survit quarante ans à la mort d'un philosophe, Socrate en l'occurrence, qu'il est censé précéder ?) avait trop écrit, trop publié, que son œuvre était partout et qu'un bûcher n'aurait jamais raison de cette œuvre magnifique parce que libératrice.

Le christianisme accomplira ce geste – et au-delà. Car cette secte promue religion par la grâce impériale de Constantin au début du IVe siècle de l'ère commune, de persécutée qu'elle fut par les Empereurs romains devint persécutrice par la volonté des Princes qui le suivirent – sauf Julien dit l'Apostat. Le triomphe du christianisme impliqua la réécriture du passé et l'écriture de l'histoire. À coups de persécutions, de fermetures d'écoles philosophiques, de destructions de bibliothèques, d'interdictions d'enseigner, de vandalisations des temples païens, à force de conciles aussi, puis de mise au service de l'intelligentsia d'alors (ah ! le bon usage des Pères de l'Église...), les chrétiens construisirent un corpus idéologique d'État.

Il existe donc une histoire officielle de la philosophie : celle qui est compatible avec l'idéologie chrétienne. À savoir : le pythagorisme, l'idéalisme platonicien, le dolorisme stoïcien, l'augustinisme bien sûr, la patristique latine et grecque, le spiritualisme thomiste, la scolastique catholique, le cartésianisme pour son dualisme et sa substance pensante, le kantisme et l'hégélianisme pour leur formulation dans la langue allemande de l'idéal de saint Paul. Cette pensée officielle est enseignée, racontée et surtout répétée à satiété. Elle constitue la légende de l'histoire de la philosophie occidentale et se répand par des cartes postales enseignées sans distance, sans esprit critique, par l'institution dont la pièce maîtresse est l'université.

Lignage

J'ai créé une université populaire à Caen, en Normandie, en province, donc loin de Paris et de sa dictature jacobine, pour enseigner une contre-histoire de la philosophie afin d'examiner ces pensées outragées, oubliées, falsifiées, négligées par l'institution : l'atomisme abdéritain, l'épicurisme grec, certes, mais aussi et surtout sa version romaine, moins ascétique, le gnosticisme licencieux, les Frères et Sœurs médiévaux du Libre Esprit, les libertins baroques, les ultras des Lumières, le socialisme libertaire, les radicalités existentielles du XIXe siècle, le vitalisme nietzschéen, les freudiens hérétiques, etc.

Cette pensée, agnostique dans le pire des cas, athée dans le meilleur, matérialiste, sensualiste, atomiste, hédoniste, constitue un lignage majeur, conséquent et cohérent. Elle célèbre la pulsion de vie et combat la pulsion de mort ; elle se bat contre la misogynie et la phallocratie pour une égalité solaire entre les sexes ; elle réhabilite le corps sensuel auquel on a fait subir les pires outrages en restaurant une paix avec lui *via* une pédagogie des cinq sens, une célébration de tous les arts, des plus nobles (l'ouïe et la vue, sens de la mise à distance) à ceux qu'on a dit les plus ignobles (l'odorat, le goût et le toucher, sens de la proximité immédiate avec le réel) ; elle invite à faire la paix entre soi et soi, soi et les autres, soi et le monde, soi et le cosmos car, sans la première paix, aucune autre n'est possible ; elle propose de retrouver le sens de la philosophie antique qui tourne le dos au théorétique, au spéculatif, au théorique pur fabriqué dans les cabinets poussiéreux des bibliothèques, et suppose que ne soit prise en considération que la philosophie pratiquée, incarnée, mise en acte – ce qui a le mérite d'écrémer facilement tous les faiseurs de systèmes, tous les verbeux et tous les vendeurs d'illusions ; elle fait donc de la vie philosophique la mesure de la validité d'une pensée...

Je tâche d'inscrire ma vision des choses dans ce lignage en sachant que l'invention et la nouveauté à tout prix, le désir d'inédit et le souci de paraître d'avant-garde produisent, en philosophie, et plus particulièrement dans celle du XXᵉ siècle, des monstres systématiques à l'origine d'une rupture avec le public et d'un « devenir secte » d'un certain nombre de cénacles philosophiques abscons. La production d'une philosophie pour philosophes constitue une impasse antiphilosophique. La philosophie n'est pas l'art d'un alphabet nouveau, mais celui de combinaisons nouvelles de mots anciens...

La tradition philosophique, coïncidant depuis les Pères de l'Église avec l'art de créer des concepts sans souci de la vie philosophique, persiste dans l'idée que la discipline procède du mystère : la philosophie n'entretiendrait aucun rapport avec ses conditions de production historiques et biographiques... Les idées descendraient du ciel et, à la manière des langues de feu de la Pentecôte, gratifieraient tel ou tel heureux élu de leurs bénéfices... La philosophie ne serait pas le produit d'un philosophe, mais celui d'une trans-action entre le ciel intelligible et la partie de l'être philosophant qui échappe à la matière : son esprit, son âme, son intelligence... L'*a priori* méthodolo-gique qui dématérialise la philosophie produit de redou-tables effets jusqu'au structuralisme – autrement dit, jusqu'à hier soir dans le calendrier de la discipline...

Je tiens pour ma part à l'idée que la philosophie procède du corps d'un philosophe qui tâche de sauver sa peau et prétend à l'universel alors qu'il se contente de mettre au point un dispositif subjectif, une straté-gie qui s'apparente à la sotériologie des Anciens. Lire et comprendre un philosophe, une philosophie, sup-pose une psychanalyse existentielle pour mettre en relation la vie et l'œuvre, le corps qui pense et le produit de la pensée, la biographie et l'écriture, la construction de soi et l'édification d'une vision du monde. Toute philosophie procède d'une raison corporelle, elle s'apparente à une égodicée.

D'où une méthode de lecture radicalement antis-tructuraliste. Voici donc ma *méthodologie* : les struc-turalistes communiaient dans la religion du texte sans contexte, peu importaient les conditions d'écriture, l'époque, le temps, les circonstances, les enjeux his-toriques, géographiques ou idéologiques. La biogra-phie du philosophe était sans intérêt, triviale même. Et l'on pouvait alors lire sans souci l'œuvre métaphy-sique de Heidegger et repousser les textes dans les-quels le même homme manifeste son allégeance au national-socialisme.

Je tiens pour une méthode de lecture et d'investigation qui allie dans un même corpus l'œuvre complète publiée du vivant de l'auteur, ses correspondances, ses biographies et tous les témoignages concernant cette architecture singulière. La synthèse s'effectue sur le principe ébauché par Sartre : la psychanalyse existentielle. Autrement dit : non pas une psychanalyse freudienne, mais un déchiffrage du projet originel qui constitue la basse continue de l'existence d'un philosophe. Basse continue d'un motif sur laquelle la vie se contente ensuite d'effectuer des variations. La philosophie procède de ces modulations.

Ma proposition hédoniste suppose un système. Je ne récuse pas, pour ma part, la possibilité systématique dans nos temps qui la dénigrent – souvent pour les raisons du renard (affamé) et des raisins (verts)... Le système suppose l'encyclopédique, autrement dit la possibilité macroscopique d'approcher le maximum des domaines envisageables dans un monde où règnent les spécialités et le souci microscopique. Le systématique pose qu'en philosophie la géographie des grandes surfaces est encore possible là où d'autres préfèrent – c'est affaire d'idiosyncrasie – la géologie des grandes profondeurs. La pensée nomade contre son exercice sédentaire, le territoire contre le carottage...

Ontologie

Commençons par le commencement... L'ontologie et la métaphysique ont été confisquées plus de deux mille ans par la philosophie idéaliste, sinon spiritualiste. Pendant des siècles, ces deux disciplines ont uniquement relevé de la tradition platonicienne et chrétienne, aristotélicienne et scolastique, pour tout dire : théologique. On connaît l'étymologie de *métaphysique* : vers 60 avant l'ère commune, Andronicos de Rhodes, onzième successeur d'Aristote, classe les œuvres de son maître. Éthique et politique, physique et rhétorique, météorologie et zoologie, poétique et logique, Aristote a abordé tous les sujets, traité toutes les questions. Une fois les volumes classés, reste un opus apparemment inclassable qu'Andronicos place à la suite de la *Physique* – d'où *méta physique*... Ce qui suit immédiatement les considérations sur la nature, comme effet, suppose une réflexion sur ses causes. La métaphysique devient la discipline des causes de ce qui est, et puis, bien vite, de l'être de l'étant. « Science de l'être en tant qu'être », elle ne débouche pas sur les mêmes conclusions quand un déiste, un théiste, un croyant se soucient de ces questions ou quand un athée s'y intéresse.

Après la physique, il n'y a pas de dieux ou de Dieu, mais encore de la physique... La remarque sotte de Youri Gagarine qui, dans son vaisseau spatial tournant autour de la Terre affirme qu'il est dans le « ciel » et ne voit pas Dieu, donc qu'Il n'existe pas, vaut en bêtise celle des théologiens qui, depuis le Pseudo Denys, y logent les divinités et leurs armées célestes. L'inexistence de Dieu et des anges dans le ciel ne prouve aucunement l'inexistence de Dieu qui est une créature fabriquée par l'homme à son image inversée afin de supporter d'avoir à vivre, autrement dit : de devoir mourir un jour. L'arrière-monde est une topique mentale et non physique.

Je défends une ontologie et une métaphysique matérialistes : après la physique connue, c'est la physique inconnue – voilà l'objet de la métaphysique immanente. La question célèbre de Leibniz qui fit le bonheur d'Heidegger et de tous les théologiens soucieux de prétextes philosophiques et non théologiques du « pourquoi y a-t-il de l'être plutôt que rien ? », ne se résout pas avec les armes de la métaphysique idéaliste, mais avec celle d'une métaphysique matérialiste qui est *philosophie de l'astrophysique*.

Questionner la nature du temps ou celle de l'espace, aborder la question de l'infini, réfléchir sur l'éternité du monde, se décider pour la dialectique héraclitéenne de l'entropie ou celle de l'éternité parménidienne de l'essence pure, suppose un compagnonnage avec les découvertes les plus récentes de l'astrophysique – en attendant ses progrès qui sont rapides et considérables.

Ainsi, les astrophysiciens nous apprennent que penser la question de l'infini, des bords du fini, ne peut se faire dans le cadre dépassé d'une géométrie euclidienne. En revanche, dans la logique de la relativité généralisée, l'espace-temps susceptible d'être courbé par la matière gravitationnelle permet une réponse contemporaine à cette question : la topologie actuelle de l'univers oblige à penser avec des espaces à multiples dimensions. Dans l'une d'entre elles, il nous faut imaginer un cube que nous pourrions quitter par une face mais pour aussitôt rentrer dans le même volume par sa face opposée. Ces configurations singulières autorisent la validité d'une forme oxymorique dans la topique euclidienne : un univers fini, *mais* sans bords...

Le vertige induit par le passage du monde clos à l'univers infini s'est démultiplié avec le passage d'une topologie classique à une topologie contemporaine : les milliards de galaxies, la chute de notre univers dans une coalescence de milliards d'univers, puis la présence d'humains dérisoires dans un cosmos où les unités de mesure dépassent l'entendement humain – comment penser l'unité *année-lumière* équivalant au trajet de la lumière dans l'espace pendant une année à 300 000 kilomètres seconde ? –, tout ceci, en dehors de tout Dieu personnel ou impersonnel, aux antipodes d'un hypothétique architecte de l'univers, permet une ontologie athée, une métaphysique immanente.

Les hommes ignorent leur place dans l'univers. S'ils la connaissaient, ils prendraient mesure de la démesure du cosmos et de l'insignifiance de leur existence. Nous faisons un événement considérable de notre vie qui importe aussi peu que l'être d'une feuille dans un arbre... Les glissements de l'éphémère sur le miroir d'une mare d'eau croupie résument le destin de chacun qui se croit monde à lui tout seul.

Or se savoir mortel, dérisoire, périssable, fragile, temporaire dans le bruissement des milliards de planètes dans un cosmos qui ne connaît que la loi de la gravité, remet l'être au centre de lui-même : un axe dont la matière est le néant. La religion vend des fables et des mythes, elle raconte des histoires pour convaincre la multitude que vivre c'est autre chose que mourir – or cette folie est une contre-vérité radicale…

L'ontologie matérialiste, la métaphysique d'un cosmos immanent, autrement dit *la philosophie*, mènent à une sagesse digne de ce nom. Il suffit d'en appeler à la compréhension de la nature et de la saisie de notre inscription dans ce premier maillon de la chaîne cosmologique. L'oubli de la nature, ou sa confiscation par les défenseurs contemporains d'une idée de la nature pensée comme objet conceptuel transcendantal, et non comme vérité matérielle vécue, accompagne et définit en même temps le nihilisme contemporain.

L'écriture catastrophiste imbibée de la fameuse herméneutique de la peur du philosophe Hans Jonas, active les causalités magiques et rend l'homme responsable de toutes les négativités écologiques, sous prétexte du péché originel que serait l'industrialisation.

Le cas du réchauffement de la planète néglige la plupart du temps les considérations astrophysiques, par exemple les incidences de l'aléatoire dans l'année galactique qui définit le temps mis par le Soleil à accomplir son trajet orbital autour du centre de la Voie lactée. Le système solaire effectue en effet son tour autour du centre de la galaxie en 226 millions d'années en regard desquelles alternent les périodes de réchauffement et celles de glaciation sans aucune relation avec ce que font ou sont les hommes, et pour cause, le cosmos n'ayant nullement besoin d'eux…

L'ignorance de la place de l'homme dans le cosmos se double de l'ignorance de celle qu'il occupe dans la nature. La méconnaissance de la théorie nietzschéenne de la volonté de puissance trouve ici une explication : Nietzsche écrit ceci sur un bout de papier rassemblé dans ses fragments posthumes : « Sipo Matador ». Cette note s'éclaircit avec une référence dans *Par-delà bien et mal* qui explicite la nature de la Volonté de puissance : « semblable en cela à ces plantes grimpantes de Java – on les nomme *sipo matador* – qui tendent vers un chêne leurs bras avides de soleil et l'enlacent si fort et si longtemps qu'enfin elles se dressent au-dessus de l'arbre mais en s'appuyant sur lui, exhaussant leur cime avec bonheur pour l'éployer à la lumière » (§ 528). Voilà donc la Volonté de Puissance : *le mouvement de la vie qui veut la vie…*

Connaître l'être de ce qui est, c'est savoir la volonté de puissance. Nietzsche donne sa leçon de sagesse : découvrir le mécanisme de l'étant, c'est percevoir l'être de l'être, puis, le sachant tel, le vouloir ainsi, puis l'aimer, ce que le philosophe nomme *amor fati*, l'amour de son destin : cette formule définit le surhomme, une figure ontologique et métaphysique athée, matérialiste, immanente, aux antipodes des carica-tures sociologiques et politiques qui en font une bête brute sans foi ni loi. Nietzsche donne une leçon de sagesse philosophique confirmée par les enseignements de l'astrophysique contemporaine.

Le sentiment de la nature, mais également la pleine et entière ouverture au cosmos, activent une sensation que, depuis Longin, on nomme le sublime. L'expérimenter atteste de la vérité de l'ontologie pratique. Le spectacle de la vastitude de la mer, des montagnes, de l'océan, de l'orage, de la foudre, de l'éclair, du torrent, des glaciers, du naufrage, déclenche le sentiment de soi comme conscience finie, étroite, limitée, dérisoire. Ce « sentiment océanique », pour utiliser l'expression de Romain Rolland, n'est pas le nucléus d'une religion, mais l'expérience du lien qui nous unit avec le cosmos et la nature dont nous sommes un fragment.

L'effondrement d'une étoile sur elle-même explique l'origine du monde. Cette thèse astrophysique pulvérise l'hypothèse théologique. Pendant des siècles, la culture a consisté à connaître la nature afin de mieux se soumettre à son ordre. Qu'on se souvienne du chamanisme, de l'animisme, du totémisme, du polythéisme, du paganisme. Avec l'avènement du monothéisme juif, puis chrétien, la culture devient anti-nature, refus du cosmos comme étendue physique au profit d'une topique parapsychologique. Contre cette parapsychologie religieuse, la psychologie définit une psyché matérielle inscrite dans une histoire concrète.

2

Psychologie

La psychologie, en tant que discours sur l'âme, subit la funeste attraction de l'affabulation freudienne depuis un siècle. Le freudisme a coagulé un certain nombre de découvertes effectuées par des scientifiques modestes de son temps : la signification des rêves, le sens des lapsus ou des actes manqués, la psychopathologie de la vie quotidienne, l'existence d'un inconscient psychique, la thérapie par la parole, voilà autant de découvertes attribuées au seul génie de Freud. Les historiens (sérieux) de la psychanalyse ont montré combien le docteur viennois devait nombre de ses prétendues trouvailles à des chercheurs renvoyés par ses soins dans l'inconnu. Sigmund Freud a réussi un coup d'État philosophique en imposant sa discipline grâce à l'organisation sur le mode militaire d'une prise du pouvoir viennois, autrichien, européen, américain, puis planétaire.

Freud écrit en 1910 dans *De la psychanalyse* (X.5) que l'invention de la psychanalyse n'était pas de son fait, *mais de Josef Breuer*. Avant de se raviser quelque temps plus tard en revendiquant la pleine et entière paternité de la discipline. Le philosophe et psychologue praticien français Pierre Janet a été abondamment pillé par Freud avant d'être stigmatisé par ses

soins et ceux de ses disciples comme voleur des idées du héros viennois et antisémite jaloux, deux accusations dont on se remet difficilement.

La psychanalyse passe désormais pour la seule et unique invention de Sigmund Freud alors qu'elle a existé avant lui (on l'a vu : Josef Breuer et Pierre Janet), pendant lui (Gross, Adler, Jung, Reich, Ferenczi, Abraham, et des dizaines d'autres contemporains très actifs), après lui bien sûr...

Il a eu recours à des médecines diverses, souvent en les mélangeant : l'électrothérapie, la balnéothérapie, l'hypnose, la cocaïne, les massages de l'utérus, l'imposition des mains... Très tôt, il affirme péremptoirement que la psychanalyse est une technique efficace qui soigne et guérit par le pur et simple échange de paroles – lire à cet égard : *La méthode psychanalytique de Freud* (1904), *De la psychothérapie* (1905), *Perspectives d'avenir de la thérapeutique psychanalytique* (1910), *À propos de la psychanalyse dite sauvage* (1910). Mais en même temps, alors qu'il prétend soigner et guérir avec la seule psychanalyse, il prescrit en 1910 l'usage du « psychrophore » (une sonde urétrale avec injection d'eau glacée dans la verge pour soigner un patient onaniste)... Si la psychanalyse soigne et guérit, alors le psychrophore n'est pas utile ; si le psychrophore est prescrit, alors la psychanalyse ne soigne ni ne guérit...

Freud prétend avoir découvert l'inconscient à partir du divan et d'une longue clinique. En fait, affabulateur, il procède de façon performative et transforme ses fantasmes individuels en vérités universelles. Ainsi du complexe d'Œdipe, un désir qu'il a eu vers l'âge de quatre ou cinq ans de coucher avec sa mère après l'avoir probablement vue nue lors d'un voyage en train, désir qu'il extrapole à l'humanité tout entière. Dès lors, parce que Freud le veut, chaque enfant aspire à coucher avec le parent du sexe opposé et à tuer le parent du sexe identique.

Selon ses propres dires, il est bien plutôt un Conquistador – autrement dit : un homme que la morale n'embarrasse pas quand il a décidé de parvenir à ses fins, en l'occurrence, sa correspondance en témoigne pendant des années : être riche et célèbre...

Les travaux d'historiens de la psychanalyse montrent que les prétendues guérisons présentées par Freud dans ce qu'il est désormais convenu d'appeler les *Cinq psychanalyses* n'ont jamais eu lieu. Ainsi avec Serguei Pankejeff, le fameux « Homme aux loups », présenté par Freud comme guéri en 1918 dans *À partir d'une névrose infantile*. Le vieil homme, octogénaire, précise à un journaliste en 1974 qu'il n'a jamais été guéri, qu'il est toujours en analyse, que la psychanalyse lui a fait plus de mal que de bien. Il mourra nonagénaire, après plus d'un demi-siècle de divan...

La psychanalyse freudienne (bien que dans les textes et la pratique homophobe, phallocrate, misogyne, politiquement conservatrice, opposée à toute libération sexuelle, du côté des régimes autoritaires seuls capables de contenir les revendications pulsionnelles de la foule qu'il faut dompter) a bénéficié d'un immense malentendu avec Mai 68 qui, *via* la gauche freudienne (Reich et Marcuse entre autres figures), a donné l'impression d'être une discipline émancipatrice, libertaire, féministe, progressiste, rationnelle... Mais la gauche freudienne s'est constituée malgré Freud et contre lui qui n'a pas ménagé pendant des années, aidé par sa fille Anna, sa lutte contre cette branche de la psychanalyse qu'il a récusée.

À gauche, une psychanalyse non freudienne est donc possible : avec l'« analyse psychologique » de Janet, le « freudo-marxisme » de Reich, la « psychologie concrète » de Politzer, la « psychanalyse existentielle » de Sartre comme autant de chantiers ouverts et jamais refermés.

Comment s'y prendre ? La parole est une molécule, le cerveau est matière, son agencement est neuronal. La parole peut donc, en effet, soigner et guérir en contribuant à de nouveaux agencements, hédonistes en l'occurrence, des circuits psychiques endommagés par la souffrance : Antiphon d'Athènes, le sophiste, l'enseignait et le pratiquait déjà au Ve siècle avant l'ère commune. La psychologie entendue comme psychanalyse non freudienne suppose le matérialisme du sujet et de l'histoire, mais également et surtout le matérialisme du sujet inscrit dans l'histoire.

La parole doit contribuer à la construction d'un récit qui donne du sens au chaos existentiel de la personne qui requiert les services du psychologue. En cas de traumatismes qui ne relèvent pas de la psychiatrie, la psychologie est un art de la construction de soi ou de la reconstruction de soi. Elle produit de l'ordre existentiel dans le désordre ontologique.

En ce sens, elle entretient une relation intime avec la philosophie entendue comme art de vivre, construction de soi, sculpture de sa propre statue.

La sagesse des grandes écoles socratique, stoïcienne, épicurienne, cynique, cyrénaïque supposait une *psychagogie*, autrement dit une invitation, par des exercices spirituels, à modifier son âme (matérielle) afin d'en purifier les affects pour aller du monde de l'angoisse, de la peur, de la crainte, des passions humaines à celui de la sagesse dans lequel triomphent la sérénité, la joie, la béatitude, l'ataraxie, les vertus philosophiques.

La philosophie hédoniste est une proposition psychologique, psychagogique, éthique, érotique, esthétique, bioéthique, politique... Elle (se) propose de la même façon qu'Épicure et les épicuriens, mais également et surtout de Lucrèce, un *discours sur la nature des choses* afin que tout un chacun puisse trouver sa place dans une nature, un monde, un cosmos dans la perspective d'une vie réussie – la vie réussie se définissant comme celle qu'on aimerait revivre s'il nous était possible d'en vivre une à nouveau. Sachant cela, voulons ici et maintenant ce que nous voudrions voir se répéter dans l'hypothèse d'un éternel retour.

3

Éthique

Le judéo-christianisme a imprégné notre épistémè pendant plus de mille ans – de la patristique (IIe-X^e) à l'*Encyclopédie* (1751-1772), de la conversion de Constantin (312) à la décapitation de Louis XVI (1793) qui montre qu'on peut impunément décapiter le Roi de droit divin...

Je définis la religion comme la vision du monde qui postule l'existence d'un arrière-monde qui donne son sens à ce monde-ci. Toutes les religions bâtissent leurs propositions sur la possibilité d'un réel en dehors du réel – ce réel irréel donnant d'ailleurs son explication, sa légitimation, sa justification à ce réel réel. Augustin explique dans le détail comment la Cité de Dieu fonde la vérité de la Cité des Hommes.

Une éthique hédoniste suppose un combat athéologique. J'appelle athéologie la discipline qui serait à la négation de Dieu ce que la théologie est à son affirmation : une contre-proposition théorique qui déconstruit la fiction religieuse, explique la forgerie historique des mythes, rapporte les mécanismes de formation psychique de l'idole, détaille le processus hystérique de déréalisation de soi, des autres et du monde, et qui, *in fine*, fait triompher la pulsion de

mort, le dénominateur commun des trois mono-théismes constitutifs de la psyché occidentale.

L'athéisme a une histoire. Elle a souvent été écrite par les croyants. De sorte qu'on a nommé athées nombre de penseurs qui croyaient en Dieu, mais d'une façon hétérodoxe, autrement dit d'une autre manière que ce qu'auraient souhaité leurs juges. Ont été ainsi considérés comme athées des agnostiques, des poly-théistes, des déistes, des fidéistes, des panthéistes qui, tous, croyaient en Dieu mais associaient à ce vieux signifiant un signifié qui n'avait pas l'heur de convenir aux inquisiteurs.

Je définis l'athéisme comme une franche et claire négation de Dieu, bien sûr, mais aussi, et surtout, comme l'art de démonter comme un jouet l'illusion ainsi nommée.

L'athéologie décompose les fictions construites pour éviter la vérité ontologique ultime : notre pré-sence au monde n'a de sens que dans, par et pour notre effacement du monde.

De sorte que, à côté de cet athéisme athée se trouve un athéisme chrétien – le plus volatile de tous… L'athée chrétien nie l'existence de Dieu, mais accepte toutes les conséquences éthiques de Dieu : il laisse de côté l'idole majuscule, mais sacrifie à toutes les idoles minuscules qui l'accompagnent – amour du prochain, pardon des péchés, irénisme de l'autre joue tendue, goût de la transcendance, préférence pour l'idéal ascé-tique, etc.

Je défends un athéisme athée qui, en plus de nier l'existence de Dieu et de proposer le démontage des fictions afférentes, affirme la nécessité d'une éthique post-chrétienne qui dévoile la nature toxique d'une morale impraticable qui, dès lors, génère des culpa-bilités inévitables. L'idéal chrétien se trouve en effet hors d'atteinte : l'imitation du corps angélique de Jésus ou celle du cadavre crucifié du Christ, celle du héros ontologique qui tend l'autre joue après avoir été frappé, celui qui ne jugerait jamais personne, voilà qui conduirait, dans la vérité et la réalité de ce monde-ci, à une vie de martyr...

Le réel est violent et brutal, le rapport aux autres relève de l'éthologie qui nous apprend que la domination et la servitude, la possession d'un territoire et la nécessité de son marquage, la lutte de tous pour la puissance qui échoit à quelques-uns seulement, l'usage de la force ou de la ruse, les machinations des contrats de hordes ou de meutes, tout cela contraint à penser la morale pour un monde réel et non pour un monde idéal et fantasmatique.

Mon éthique prend en considération Auschwitz et le Goulag, les fascismes bruns, rouges et verts, les génocides industriels ou artisanaux (Hiroshima ou Kigali), le déchaînement de la pulsion de mort dans le XXe siècle. Une morale chrétienne conduit à l'abattoir. L'amour de qui n'est pas aimable n'est pas souhaitable ; la joue tendue à celui qui va nous gazer ou nous couper le cou n'est pas pensable ; le refus de juger l'injuste, le méchant, le pervers conduit à un nihilisme éthique ; sans parler de l'inanité de sacrifier à l'idéal ascétique, autrement dit de mourir de notre vivant ici et maintenant, de sacrifier cette vie dont nous sommes sûrs, sous prétexte qu'une fois morts nous vivrons éternellement...

Il nous faut donc une règle du jeu immanente qui récuse l'accrochage de la morale à la théologie, comme pendant si longtemps, ou à la science comme d'aucuns le croient. L'éthique gagne à renoncer à la transcendance divine autant qu'à celle des mathématiques. La révolution esthétique opérée par Marcel Duchamp est, du moins en partie, une révolution des supports. Pour en finir avec les matières et les supports nobles en art (la sculpture en bronze, la peinture en or et bleu outremer, les objets en ivoire, les temples en marbre, etc.), l'anartiste décrète une égale dignité de tous les supports possibles – le papier, le carton, la ficelle, le déchet, la poussière, l'objet manufacturé. À quoi l'on peut ajouter : l'existence personnelle.

Nous sommes un matériau brut qui doit être informé. Ce que nous sommes, nous le devenons. Si nous ne devenons rien, nous ne serons rien, sinon un fragment aveugle de la nécessité du cosmos. D'où la nécessité d'informer l'âme matérielle constituée par notre cerveau et notre système nerveux. Il faut un dressage neuronal car, ne pouvant éviter que celui-ci ait lieu par défaut et débouche sur la sauvagerie psychique de l'être, on doit le vouloir pour dompter les forces, façonner les formes, vouloir les contours de notre existence. L'éthique est une affaire de sculpture de soi.

L'impératif catégorique de l'éthique hédoniste a été justement formulé par Chamfort dans un aphorisme définitif : « Jouis et fais jouir, sans faire de mal ni à toi ni à personne, voilà toute morale ».

Concrètement – autrement dit, pour passer de l'éthique (théorie de l'idéal) à la morale (théorie de la pratique) –, une morale postchrétienne récuse l'amour du prochain fondé sur le seul fait qu'il soit notre prochain. Aimer notre prochain s'il est aimable ne pose aucun problème. Mais s'il n'est pas aimable ? *Quid* du devoir d'amour du prochain (sinon de la politique de la joue tendue...) d'un déporté pour son geôlier dans un camp de la mort ? L'impraticabilité de la morale chrétienne oblige à une morale plus modeste, mais praticable.

D'où une construction à partir de soi, car la vérité ontologique du monde est, sur le terrain métaphysique, le solipsisme. Chacun définit le centre du monde et construit le réel à partir de lui. Y compris, et surtout, le réel éthique, l'intersubjectivité. Sur le mode des cercles concentriques, dans une logique aristocratique donc, l'élection et l'éviction décident d'une situation dans le dispositif : élu celui ou celle qui consent à une relation hédoniste dans laquelle se construit, à deux, une intersubjectivité dans laquelle triomphe la pulsion de vie ; évincé celui ou celle qui, dans cette relation, fait primer la pulsion de mort, la négativité, la destruction, la perversion, le déplaisir.

La situation que chacun occupe dans les cercles éthiques d'autrui n'est jamais définitivement acquise, elle est au contraire relative à ce qui aura été donné, ou pas, négativement ou positivement. Qui donne de la jubilation en reçoit en retour ; qui inflige des passions tristes écope d'une mise à distance – non pas la haine, le mépris, la rancœur ou la rancune, l'antipathie, qui abîment l'âme par la corruption des toxines du ressentiment, mais la sortie de ses cercles éthiques, l'effacement de son monde.

La jouissance de soi est parfois problématique pour quiconque dispose d'une complexion masochiste. Mais la jouissance dans la douleur qu'on s'inflige ou qu'on inflige est légitime quand elle procède d'un pacte avec un partenaire à même de contracter, autrement dit clair sur son désir, sain d'esprit, lucide sur les tenants et les aboutissants de la relation qu'il entreprend.

De même, la jouissance d'autrui peut aussi poser des problèmes. Car les jouissances se construisent avec de la réalité, elles se nourrissent de contrats tacites clairement formulés, et nombre de délinquants relationnels l'alimentent avec des désirs fantasmés, des souhaits solipsistes, des délires pris pour des réalités et autres constructions factices élaborées avec les songes auxquels certains ou certaines donnent plus de consistance qu'à la réalité. La dénégation du contrat, le clivage du moi qui oppose une part lucide et saine à une autre obscure et malsaine conduit à des impasses dans l'intersubjectivité.

4

Esthétique

L'art s'est accéléré. Disons-le autrement : au début de l'humanité, si tant est qu'en matière de signes préhistoriques on puisse parler d'art, une période artistique durait longtemps. Puis, le temps passant, elles se sont raccourcies au point qu'aujourd'hui une école artistique peut exister le matin et disparaître le soir, le temps d'une performance présentée comme manifeste... Les longues durées de l'histoire laissent place aux fractionnements : le temps va plus vite, l'espace se rétrécit...

Dès lors, l'art depuis Duchamp est moins continental qu'archipélique. Car on lui doit en effet un coup d'État esthétique réussi à partir duquel s'organise tout l'art que, conventionnellement, on nomme contemporain. La mort de Dieu proclamée par Nietzsche dans *Le Gai Savoir* s'accompagne de la mort du Beau annoncée par Duchamp (stirnérien et nietzschéen avoué) avec son premier *ready-made*.

En 1917, *l'anartiste*, comme il se nomme, présente une pissotière achetée chez un marchand de sanitaire, signée R. Mutt. L'objet, *Fountain*, est refusé par le comité de sélection d'une exposition – dont il fait partie... Duchamp rédige *Le cas R. Mutt*, un texte qui fonde l'art contemporain. Vinci affirmait que l'art était *cosa*

33

mentale, Duchamp pousse cette juste définition aux extrêmes.

Depuis Platon, qui construit son esthétique sur ce dualisme entre la perfection du Concept dans un monde idéal et la précarité de l'Objet dans le registre concret, *via* Kant et sa *Critique de la faculté de juger* qui célèbre le nouménal contre le phénoménal, en passant par le christianisme qui fait grand usage de la Beauté divine, l'art est idéaliste – l'idéal lui sert de mesure.

Marcel Duchamp se propose de renverser le platonisme qui domine en art depuis plus de deux millénaires : avec lui, plus d'arrière-mondes, plus d'idéal, plus de monde des essences, plus de ciel intelligible, plus de transcendance, mais un monde réel, concret, immanent, radicalement d'ici et de maintenant. La thèse de Duchamp ? C'est le regardeur qui fait le tableau.

De fait, depuis toujours, il en est ainsi : le décodage d'une crucifixion nécessite des informations. On peut se contenter de la seule image d'un portrait de Louis XIV effectué par Hyacinthe Rigaud, mais la connaissance des symboles de l'art occidental aide (la tri-fonctionnalité, l'hermine, la pourpre, la fleur de lys, l'or, l'épée, la couronne, le sceptre, le talon rouge, etc.) à y voir un message nettement plus subtil.

L'art contemporain exacerbe cette radicalité intellectuelle dans/de l'art. De sorte que le regard naïf d'un sujet inculte transforme l'œuvre en pitoyable production dépourvue de signification. Si la moitié du chemin est faite par l'artiste, l'autre doit être effectuée par le regardeur. Mais dans un monde où l'initiation n'existe plus, comment le public pourrait-il porter des jugements de goût dignes de ce nom ?

Pour autant, le divorce entre grand public et art contemporain n'est pas dû au seul public car nombre d'« artistes », sous prétexte de conceptualité, oublient qu'un demi-chemin leur est imputable et produisent des œuvres dépourvues de sens, d'intérêt, d'intelligence, de signification. Miroir du nihilisme oblige, leurs productions trahissent moins une radicalité signifiante qu'une asthénie dominante. Dupliquer Duchamp, c'est encore dupliquer, autrement dit, faire un travail d'artisan, si l'on veut, mais sûrement pas d'artiste.

Il existe aujourd'hui une arrière-garde définie par sa revendication d'avant-garde, doublée d'une pratique dupliquante célébrée et entretenue par l'institution, les Fonds régionaux d'art contemporain, des galeristes, des journalistes, des revues spécialisées, des préfaciers, tout un petit monde élitiste et farouchement antidémocratique dissimulé sous des oripeaux de radicalité esthétique révolutionnaire. S'il est incontestable que Duchamp est révolutionnaire, se proclamer duchampien ne suffit pas pour mériter l'épithète – cette démarche signale étymologiquement le réactionnaire, celui qui remplit le présent par la répétition du passé sous prétexte d'avenir.

Duchamp révolutionne donc les choses sur deux plans : le regardeur investi d'une responsabilité dans le processus de création esthétique mais également, nous l'avons déjà vu, la révolution des supports.

Cette possibilité de toutes les matières ouvre la porte à une surenchère de supports : dans la provocation (matières fécales, ordures, cadavres), dans le corporel (peau, sang, ossements, sécrétions, ongles et poils, graisse, crasse), dans l'immatériel (son, lumière, couleur, idée pure, vidéo, langage, vitesse), dans l'hétéroclite (tôles, ficelles, carton, épluchures, chiffons sales, reliefs de repas, vêtements, animaux empaillés), dans l'expérimentation (greffes cellulaires, biotechnologies, créations de chimères, transgenèse), etc.

La contemporanéité interdit le jugement de goût avec recul. Tout étant possible, on ne peut tout de suite saisir ce qui, dans ce tout, surnagera pour exprimer au mieux l'époque. Les croûtes et les chefs-d'œuvre se partagent le marché ; les auteurs spécialisés dans l'écriture de l'art contemporain jouent moins la carte de l'histoire ou de la philosophie que celle de la nourriture de la tribu qui les alimente. L'artiste de l'État côtoie l'artiste du mécène qui croise l'artiste de l'arrière-garde qui revendique son avant-garde en compagnie utile. La révolution des supports ouvre la porte à une indigence considérable qui dissimule sous la quantité le travail réellement critique difficile à repérer dans un monde où la visibilité de l'art se trouve organisée par des individus juges et parties pour les raisons les plus mercantiles.

Ce dépassement suppose la pratique du droit d'inventaire et la mise à l'écart des symptômes de la psychopathologie de l'époque : l'indigence intellectuelle, l'autisme, le solipsisme, l'hystérisation, la thanatophilie, la régression, le kitsch, l'élitisme et le narcissisme. D'où, dans un premier temps, une série de propositions critiques sur le principe du nettoyage des écuries d'Augias :

1. *Raréfier le conceptualisme* et renouer avec l'idéal révolutionnaire de Duchamp. Notre époque paraît plus esthète et décadente qu'artistique. L'abus de concepts détruit le concept et finit même par ruiner toute possibilité d'œuvre. Il existe dans l'art contemporain un fort courant platonicien qui affirme la suprématie de l'idée sur le sensible et qui va jusqu'à énoncer qu'on peut faire l'économie du sensible au profit d'un conceptualisme pur. La peinture de monochromes, le concert de musique sans musique, les projections de films sans images, la poésie sans mots ont eu leur nécessité dialectique dans leur temps.

Mais dupliquer ces impasses n'est pas rendre service à l'art...

2. *Restaurer la catharsis comme moyen* et non comme fin. Les riches et belles heures du Happening, de la Performance et autres scénographies hystériques qui ne reculaient pas devant la scatologie, la défécation, l'éjaculation, la mixtion, la copulation, la zoophilie sur scène pouvaient se justifier dans un temps où l'étau autoritaire ne s'était pas encore desserré, disons avant Mai 68, mais après, il en va moins d'un théâtre progressiste que d'une scénographie régressive.

3. *Dépasser l'égotisme autiste* et rompre avec la complaisance solipsiste de ceux qui mettent en scène la banalité, la trivialité et la vacuité de leur quotidien et, ce faisant, pensent que la collection de leurs déjections, de leurs sécrétions, de leurs poubelles, de leurs mouchoirs sales, de leurs sous-vêtements maculés suffit pour créer une tendance lourde de l'art contemporain, par exemple sous la rubrique des « Mythologies personnelles »...

4. *Combattre la fétichisation de la marchandise* et dénoncer les œuvres produites sur le principe du clonage dans l'espoir secret du faiseur d'obtenir sa place dans la bureaucratie marchande de l'art contemporain. La création de la cote par la tribu des artistes et des collectionneurs, des galeristes et des journalistes, des préfaciers et des marchands, instaure le caprice d'une poignée en règle d'or de l'art du temps. La production et la reproduction ont pris le pas sur la création.

5. *En finir avec la religion de l'objet trivial* et refuser la transformation des objets de la société de consommation en fétiches de la religion esthétique. L'accumulation d'objets semblables, la collection d'instruments de la vie quotidienne, l'entassement de produits d'usage courant ne suffisent pas, contrairement aux proclamations théoriques associées, à

produire un discours critique sur la société de consommation. Ce qui paraît dénoncé se trouve paradoxalement transfiguré en totem de la modernité.

6. *Abolir le règne du kitsch* qui triomphe comme art faussement populaire mais véritablement de mauvais goût. S'il fallait un moment emblématique de la décadence d'un art contemporain engagé dans l'impasse de la provocation et de la répétition, le kitsch le constituerait sans problème... Ces prétendues subversions définissent d'authentiques démagogies inscrites dans la logique du marché qu'elles rendent cruellement visibles.

7. *Rompre avec la passion thanatophilique* qui montre combien l'art contemporain reste prisonnier du schéma chrétien de la Crucifixion, de l'imitation du cadavre du Christ et de la passion pour le martyre. Cette célébration de la négativité passe par la mise en scène complaisante de la douleur, par l'usage de cadavres comme d'objets possibles pour l'art. De l'« Actionnisme viennois » au « Body art » en passant par des performances cannibales, le culte de la pulsion de mort prend une place importante dans l'art contemporain.

Elle se définit par le dépassement du dépasseur, Duchamp, doublé par la proposition de remèdes au nihilisme.

1. *Revenir à l'immanence* et habiter le présent. Le problème consiste moins à réactiver sans cesse le passé pour en faire un présent sous prétexte de prendre date pour le futur, que de vouloir le présent, creuser le réel, restaurer la puissance du corps, de la chair, de la matière, du monde, contre la toute-puissance des *Idées*, des *Concepts* et des *Formes pures*. La question spinoziste du « que peut le corps ? » n'a pas encore obtenu toutes ses réponses. Scénographier les mythologies du corps païen pour faire advenir l'ère des artistes de l'incarnation, voilà la ligne de force.

2. *Déchristianiser la chair*, en finir avec le corps chrétien schizophrène, séparé entre l'âme lumineuse et la chair peccamineuse, l'ensemble goûtant tout particulièrement les putréfactions, les cadavres, les morgues ; montrer la vérité de l'homme machine, de la chair travaillée par la vie ; apprendre, en renouant avec l'art anatomique, à apprivoiser la mort et à bien mourir, autrement dit : à bien vivre.

3. *Activer une méthode ironique* et faire de l'humour un antidote au concept. La palinodie, la geste kunique, l'esprit diogénien, la construction de séries ludiques ouvrent un boulevard aux artistes qui souhaitent tourner le dos à l'austérité conceptuelle, à l'idéal ascétique apollinien de productions sinistres parce que purement intellectuelles.

4. *Promouvoir le contraire du corps platonique* en interrogeant la postmodernité technologique. Travailler sur la dénaturalisation des corps, l'artificialisation de la chair, l'épiphanie d'une matière nouvelle, faire de l'œuvre d'art le laboratoire esthé-tique d'une éthique et d'une politique futures. L'artiste devient alors un démiurge, un intermédiaire faustien entre le réel et ses potentialités magnifiques.

5. *Créer un agir communicationnel* en prenant acte de la mort du Beau et de la nécessité de donner le mode d'emploi de l'œuvre après la disparition de deux millénaires d'un art platonicien. Il s'agit de restaurer une intersubjectivité avec le public en offrant les codes et ses usages pour lire le monde qui, sinon, reste hermétique. Trop souvent triomphent les glossolalies, les obscurités et les fausses profondeurs, le jeu social et la création d'illusions esthétiques. L'art sert trop de signature sociale, il crée des tribus désireuses de distinction sociale et de séparation d'avec le grand public. Une esthétique cynique revendique la démocratisation, elle aspire au populaire véritable qui se situe aux antipodes du jeu social et de la référence légitimante. L'art doit réunir et non séparer.

6. *Restaurer la valeur intellectuelle* contre les discours légitimants qui accompagnent souvent les œuvres et ne trouvent leur légitimité que par la citation d'auteurs (des philosophes bien souvent...) déjà légitimes. Ce vernis culturel cache une inculture véritable. Il faut mesurer la valeur esthétique d'une œuvre à la charge potentielle d'échanges générés. Ni populisme ni ésotérisme, mais – en présence de la carence et de l'impéritie des institutions et des médias en matière de pédagogie du sens – une démocratisation véritable de l'œuvre. Toute référence au caractère intransmissible de l'expérience prouve l'absence de contenu à transmettre... La révolution duchampienne qui décrète le regardeur-artiste oblige à l'éducation du regardeur-artiste.

7. *Promouvoir un percept sublime* en guise de constitution d'un Beau postmoderne immanent, ici et maintenant, accessible. Le sublime suppose l'œuvre qui écrase le sujet par sa grandeur, sa puissance, sa force, il renvoie tout un chacun à la petitesse de son être dans le cosmos. L'art en deuil du Beau peut viser le sublime.

Ainsi, l'art est-il propédeutique à l'éthique parce qu'il met l'être devant sa vacuité, une condition existentielle préalable à la sculpture de soi. La révolution des supports initiée par Marcel Duchamp permet de faire du *Soi* un matériau susceptible d'être informé sur le principe esthétique. La vieille invite à *faire de sa vie une œuvre d'art* devient claire et limpide. L'apparent nihilisme duchampien ouvre la voie à la positivité d'une multiplicité de mondes possibles.

5

Érotique

L'éthique comprend une *érotique* dans laquelle les attendus éthiques généraux fonctionnent également : principe hédoniste, impératif catégorique du « jouir et faire jouir », cercles éthiques, élection et éviction en relation avec la production de plaisir ou de déplaisir, pacte langagier sur le projet intersubjectif, sculpture de soi, règle du jeu immanente.

Entrons dans le détail : en matière d'intersubjectivité sexuée, nous composons avec un corps qui, lui aussi, a été intoxiqué par plus de mille ans de judéo-christianisme. La symbolique du corps et de ses organes, sa lecture dualiste (avec la permanence de la vieille opposition entre le souffle et la matière, l'âme et le corps, l'esprit et la chair, la substance pensante et la substance étendue, le nouménal et le phénoménal, le psychique et le somatique, avec célébration de la première instance doublée d'une déconsidération de la seconde), mais aussi, et surtout, la partition sexuée entre hommes et femmes, mâles et femelles, imposent dès le départ que nous composons avec un artefact judéo-chrétien.

L'invitation à imiter le corps angélique de Jésus qui ne boit ni ne mange (encore moins ne fume…), ne rit ni ne défèque, ne copule ni ne vieillit, celle du

43

Christ sanguinolent, dépecé, déchiré, transpercé, couronné d'épines, celui, pour les femmes, d'une Vierge qui se trouve engrossée par l'opération du Saint-Esprit et qui, n'ayant jamais copulé, se trouve tout de même enceinte, sont autant de propositions corpo-relles susceptibles de générer hystéries carabinées et névroses effrayantes... Demander à son corps de prendre pour modèle un anticorps, c'est aller vers les problèmes...

Le christianisme officiel se constitue sur ces schémas : corps angélique de Jésus, corps mort du Christ, corps vierge de Marie. Les Évangiles ne sont jamais prescripteurs en matière sexuelle : on ne trouve nulle part dans la bouche de Jésus de condamnation du désir sexuel, des plaisirs du corps, des voluptés de la chair. Nulle part il ne parle de péché de la chair, de fornication, de luxure. On ne sait de lui que le plaisir pris aux gestes tendres de Marie-Madeleine. Rien qui ressemble à une névrose...

En revanche, la sexualité occidentale, du moins la négation de l'éros en Occident, se constitue via les conciles et la machinerie de l'Église officielle sur une partie du corpus néotestamentaire : en l'occurrence, les lettres de Paul de Tarse. Or, Paul n'a jamais caché qu'il souffrait d'une « écharde dans la chair » sans jamais donner la solution de cette énigme. Une abondante littérature a proposé une liste incroyable de diagnostics qui vont du hoquet chronique à l'herpès en passant par les hémorroïdes, l'épilepsie ou le paludisme – entre autres misères.

Mais personne ne parle d'une impuissance sexuelle (possiblement générée par une homosexualité refoulée), probablement à l'origine de la névrose profonde que prouve dans le détail la conversion sur le chemin de Damas : impression d'une luminosité aveuglante, voix (de Jésus évidemment...), chute, perte momentanée de la vue, le tout en compagnie de comparses qui, bien évidemment, ne voient rien, n'entendent rien, et constatent que le juif persécuteur de chrétiens (il a participé au meurtre de leur premier martyr, Étienne) change de camp. Les textes de l'évangéliste Luc peuvent se lire en regard d'un manuel de psychiatrie : on y découvre tous les symptômes d'une crise hystérique...

Paul ira donc d'imprécations en imprécations contre le désir, le plaisir, les pulsions, le corps, les femmes, surtout les femmes, la sensualité, la sexualité. Pour supporter sa névrose, il envisage de névroser le monde ; ainsi pourrait-il se sentir normal, comme le reste du monde. Ce désir pervers sous-tend sa vocation de treizième apôtre qui veut évangéliser tout le Bassin méditerranéen et va de ville en ville pour exporter sa pathologie afin d'en faire une nouvelle norme.

La machinerie inventée par Paul en matière de sexualité est simple : la perfection serait l'abstinence totale, un renoncement intégral à la chair. Ainsi, les choses deviendraient simples : en condamnant le sexe, il sauverait son corps névrosé. Mais l'idéal n'étant pas de ce monde, il invente, en lieu et place de l'invite radicale de mettre à mort la libido, de quoi assurer sa mort lente par une extinction calculée : si la chasteté et la continence sont hors de portée d'une volonté simple, le mariage, la monogamie, la fidélité, la procréation – la réduction de la sexualité à la seule procréation –, l'invitation à une copulation de pure hygiène démographique, voilà qui pourrait tout de même faire l'affaire. À défaut de réussir la mise à mort de toute libido, sa doctrine en assure le lent étouffement par la promotion de ce qui deviendra la famille monogame occidentale, le couple et ses enfants, la crucifixion de Dionysos et la célébration de la joie des ectoplasmes.

Ce projet n'aurait pas mérité la vindicte s'il s'était contenté d'être la réponse individuelle à une névrose personnelle. Mais Paul, en inventant l'universel chrétien, assure d'une contamination du monde par sa maladie intime. Ce corpus thanatophilique aurait pu croupir dans une bibliothèque si Constantin n'avait tablé, pour construire son Empire, sur cette idéologie-là. Car cette névrose concernant les corps lui fournissait en plus une thèse politique majeure pour un Empereur : celle de l'origine divine de tout pouvoir terrestre.

On comprend dès lors pour quelles raisons ce fin politique qu'était Constantin fit de Paul l'axe du christianisme qu'il souhaitait : un éloge du renoncement aux plaisirs de ce monde, une célébration de la cellule familiale comme forme apollonienne communautaire et collective, à même d'étouffer les forces dionysiaques individuelles et asociales, une théorie légitimant son pouvoir temporel à partir des fictions religieuses.

Le coup d'État idéologique de Constantin à la tête de l'Empire décida de la construction du corps qui reste le nôtre et dont il nous faut urgemment nous défaire : en finir avec l'idéal ascétique mortifère, avec le refus du corps, le discrédit de la chair, le mépris des femmes, la passion pour la souffrance, l'indexation de toute existence sur les modèles de l'ange, de la vierge ou du cadavre.

La théorie occidentale du désir comme manque dispose de thuriféraires de Platon à Lacan pour qui désirer c'est expérimenter le manque consécutif à la séparation d'avec l'androgyne primitif qui connaissait la satiété de la complétude mais jubilait d'une puissance qui déplut aux dieux. Dès lors, ils sectionnèrent cette forme parfaite pour en faire deux parties qui errent depuis dans la quête de leur moitié perdue et de leur partie manquante. Le désir est souffrance qui coïncide avec cette quête d'une improbable complétude par l'autre, conçue comme vérité de notre béatitude.

Notre malheur vient de ce que, sacrifiant à cette mythologie du désir comme manque doublée du souci de restaurer l'unité primitive d'un animal fabuleux perdu, nous soyons en quête d'une chimère. En matière d'érotisme, le premier pas effectué sur le terrain postchrétien consiste à jeter aux orties ce schéma dévastateur et créateur de névroses, de pathologies mentales individuelles et collectives.

Un autre pas sera fait quand nous cesserons de condamner la libido et que nous proposerons une libido libertaire avec un éros léger qui indexe la sexualité non pas sur l'amour, la fidélité, la monogamie, la procréation, la cohabitation, mais sur le projet moins ambitieux d'une intersubjectivité libre, joyeuse, pacifiée, voluptueuse dans laquelle l'objectif est moins l'idéal familialiste paulinien que la proposition ouverte d'une construction de son érotisme dans la liberté du consentement d'autrui.

Car l'hospitalité charnelle telle que Fourier la rêve sans complexe signe une modalité nouvelle de l'intersubjectivité : loin de la culpabilité, du péché, de la faute, de la punition, de la répression, de la chasteté, de la continence, loin de la pulsion de mort et de l'empire des passions tristes dans les relations amoureuses, un érotisme solaire déclare ouverte toute possibilité sexuelle, pourvu qu'elle procède d'un pacte en amont et que les consentements aient été dûment obtenus, l'ensemble commençant par le détail de la règle du jeu.

L'érotique solaire se propose également de contribuer à la réalisation d'un féminisme libertin dans lequel ce que l'homme se permet, il le permette aussi à la femme. Et ce afin d'éviter qu'on considère le donjuanisme des mâles avec toujours un peu d'admiration alors que le même comportement libertaire vaut aux femmes les épithètes les plus infamantes – hystérique, nymphomane, érotomane, sans parler de qualificatifs moins amènes du genre salope, pute, marie-couche-toi-là, etc.

L'habitude de penser le sexe en genre et de le réduire à deux relève de la facilité conceptuelle. On le sait depuis que Freud s'est emparé des thèses de Fliess sur la bisexualité, chacun est constitué d'une part masculine et d'une autre féminine, et ce en parts inégalement réparties. De sorte qu'il nous faut moins penser avec la série homme/femme, masculin/féminin, qu'en termes de nominalisme, une option philosophique en vertu de laquelle il n'existe que des cas particuliers.

Chacun est une exception sexuelle parce que le formatage neuronal de sa psyché relève d'une histoire singulière, subjective, sans double. Ce qui fut présenté comme perversion dans la logique freudienne définit la vérité de chaque être. D'où la nécessité de partir à la quête de soi afin de déterminer ce que l'on est sur le terrain sexuel et ce à quoi on aspire. Le « connais-toi toi même » de Socrate doit aussi fonctionner sur le terrain sexuel. La connaissance du soi sexuel est le préalable à toute intersubjectivité réussie. Pas d'érotisme solaire sans savoir de son identité sexuelle et de ses aspirations voluptueuses.

L'absence d'éros chrétien précipite chacun dans l'obscurité de son être. Les érotiques chinoise, indienne, japonaise nous persuadent de la nécessité d'un apprentissage de la sexualité.

Les animaux se contentent d'une vie sans ce supplément d'âme. Mais trop de mammifères dits supérieurs évoluent dans l'alcôve comme les grands singes dans leurs forêts.

Les « traités de l'oreiller » qu'en Orient on offrait aux jeunes époux et qui, au Japon, ont fait la célébrité des fameuses estampes, se proposaient d'éduquer à la volupté. De même, le *Kama Sutra* en Inde qui, en dehors d'un seul interdit (le mélange entre castes), légitime toute sexualité en expliquant comment séduire, plaire, aimer, se détacher, se séparer, recommencer, varier les plaisirs et multiplier les combinaisons jubilatoires. Le tout dans la pleine innocence de ce qui ressemblerait à la faute, au péché, à la culpabilité.

En Occident, la pornographie est une industrie qui ressemble à l'époque qui la produit. La nôtre, libérale à souhait, accumule les poncifs du marché et les étend à cette littérature filmique : culte du corps performant, éviction des corps qui ne le sont pas (la laideur, la vieillesse, le handicap), usage du corps de l'autre comme d'un objet, domination masculine et soumission féminine, thésaurisation d'un cheptel, indigence des scénarios construits pour justifier l'emboîtage, si je puis dire, de scènes sexuelles, inexistence de dialogues, nullité esthétique...

Nous pourrions envisager une pornographie non pas libérale mais libertaire qui prendrait le contrepied de l'industrie libérale du sexe dans laquelle on porterait à la connaissance du public les contenus des traités d'art érotique avec scénarios, dialogues, images, plans esthétiques, le tout visant une pédagogie ludique des corps sexués, une mise en scène joyeuse d'un sexe tourné vers la pulsion de vie. *Le nouveau monde amoureux* de Fourier fournit un inépuisable vivier à cette pornographie libertaire.

6

Bioéthique

Au volet érotique de cette éthique, il convient d'ajouter une *bioéthique*. Elle est souci récent dans un monde où, depuis peu, au regard de la longue durée de la philosophie occidentale, on se retrouve devant des questions inédites qui renvoient à la possibilité d'un corps faustien, postchrétien, élargi par la technique et les poten-tialités biologiques annoncées.

Là encore, il faut opérer sur un corps chrétien, formaté par l'idéologie que l'on sait désormais. Le geste médical, chirurgical, thérapeutique s'effectue sur une chair qui est matière, certes, mais aussi symbole. Dans la relation **patient/soignant**, la chair conserve la mémoire du millénaire qui l'a définie, constituée.

La religion persiste dans son refus de la science et croit peu ou prou que ce qui a lieu, Dieu le veut. Qu'il existe un plan secret de la Providence et qu'il ne saurait y avoir de causes sans effets, d'affections ou de pathologies sans bonnes raisons qui les produisent. Sous les cieux européens, le schéma a pâli, certes, mais il reste prégnant : le Vatican parle encore et toujours du « pouvoir salvifique » de la douleur.

Dans cette configuration idéologique particulière, envisageons la bioéthique comme un combat hédoniste pour lequel le plaisir s'entend comme l'évitement du déplaisir, la conjuration de la douleur, de la souffrance et de la peine subie par le corps. Le Christ a souffert, il est mort sur la croix et, par ce geste prétendument rédempteur, les chrétiens affirment qu'il a fourni le modèle doloriste avec lequel il nous faut encore compter.

Le corps postchrétien nomme d'abord une chair noble dépourvue d'affects ontologiques négatifs...

La possibilité d'un corps élargi, autrement dit moins souffrant, moins affecté, moins douloureux, moins limité, moins lourd à porter, moins handicapant, rencontre le conservatisme des comités d'éthique qui, constitués de membres des trois religions monothéistes, de représentants de cette autre religion qu'est la franc-maçonnerie et de membres cooptés qui proviennent d'un monde conservateur (philosophes spiritualistes, sociologues prudents, psychologues médiatiques, scientifiques à Légion d'honneur...) pour lequel il est urgent d'attendre.

Les commissions et les comités Théodule accouchent de rapports indicatifs qui, tous, s'appuient sur leurs disciplines respectives pour en appeler à la modération que les plus anciens, les plus classiques et les plus traditionnels appellent la prudence aristotélicienne et les plus modernes l'inévitable principe de précaution. Le résultat est le même : ne changeons rien car tout progrès laisse apparaître le mufle de la bête – Frankenstein et *Le meilleur des mondes* règnent sans partage...

Le principe de précaution procède du « principe responsabilité », un concept mis au point par Hans Jonas devenu impératif catégorique de notre époque nihiliste. Après la catastrophe nazie, le philosophe allemand a théorisé une « heuristique de la peur » en décidant clairement de terroriser les hommes de manière préventive afin qu'ils prennent conscience des conséquences de leurs actes et s'abstiennent de mettre en péril la planète ou l'humanité. Cette façon de procéder infantilise l'homme et le menace du pire – à la manière du Père Fouettard menaçant le bambin rétif. Le refus d'en appeler à la raison, la volonté délibérée de s'appuyer sur les passions, le pari de solliciter les émotions, de jouer l'affect déraisonnable contre la pensée rationnelle, génèrent une immobilité chère au cœur des conservateurs nombreux dans le domaine de la bioéthique où ils chassent en meute.

Je propose pour ma part une heuristique de l'audace en matière de bioéthique, l'exacte antithèse de l'heuristique de la peur : ne pas tabler sur la technophobie, la peur du pire, la menace de la catastrophe, le pessimisme de la modernité, mais défendre la technophilie, le désir du meilleur, la perspective du perfectionnement, l'optimisme de l'éthique hédoniste.

Le techniquement faisable n'est pas toujours moralement défendable, et de loin, mais la science n'est pas mauvaise en soi : elle l'est en fonction des causes servies. Un nominalisme de bon aloi évitera de considérer que *la* science est foncièrement mauvaise parce qu'intrinsèquement porteuse du pire. Il s'agit, ici comme ailleurs, de penser en conséquentialiste et de se demander, avant de juger du bon et du mauvais, donc du bien et du mal : ce geste, cette technique, cette proposition thérapeutique, ce projet chirurgical, cette molécule médicamenteuse, augmentent-ils l'hédonisme de l'individu et de la société ? Ou, au contraire, le réduisent-ils ? Une bioéthique n'a pas à se penser dans la logique platonicienne du Bien absolu, du Vrai absolu, du Bon absolu, mais selon la relativité du résultat.

Une bioéthique nominaliste défend donc l'artifice pour pallier la nature : là où cette dernière manque sur le terrain hédoniste (un amoindrissement du corps, une douleur, une souffrance, un affaissement des potentialités de la chair, la perspective d'une affection handicapante, une maladie, etc.), elle est compensée par l'artifice qui vient en aide, qui propose un recours. Toute prothèse est bienvenue qui augmente le corps, le soutient et le supporte, l'élargit, le décuple et multiplie ses possibilités.

La réappropriation de soi est l'épicentre de ce projet : notre corps nous appartient, il n'est en rien propriété divine ou machine transcendante.

Le cerveau constitue l'identité de l'être. Nous sommes notre cerveau. Quand le développement neuronal est à ce point insuffisant qu'il ne permet pas une inter-action de l'être entre soi et soi, soi et les autres, soi et le monde, qu'il n'y a pas de possibilité de réaction aux stimuli de plaisir et de déplaisir venus de son extérieur, alors il y a du vivant, certes, mais l'humain n'est pas là. Dans le cas du fœtus avant la vingt-cinquième semaine, dans celui de l'accidenté au cerveau irrémédiablement endommagé, il paraît légitime d'envisager aussi bien l'avortement que l'euthanasie.

Cette dernière permet une ultime réappropriation de soi jusque dans la mort qui marque le moment ultime de la désappropriation de soi. Les soins palliatifs ne sont pas innocemment soutenus et défendus par les autorités religieuses qui voient dans la maladie à son stade ultime, l'agonie, la fin de vie, les derniers moments, une aubaine pour accéder à l'intimité spirituelle de l'être et refourguer les camelotes religieuses faciles à placer en pareille occasion.

Lorsque l'on dispose de ses moyens intellectuels, on peut vouloir en finir avec l'existence à la façon dont les Romains, les stoïciens plus particulièrement, nous invitaient à quitter la vie comme on sort d'une pièce devenue trop enfumée... Le testament de vie permet de déléguer à un être aimé la charge de décider pour nous ce qu'on aura avec lui voulu en amont pour nous : il sera sinon le bras armé du moins le facilitateur de notre mort volontaire.

Pour le reste, tout ce qui augmente la jubilation à être me paraît légitime : les greffes d'organes, de tous les organes, y compris le visage, le cerveau exclu ; les consommations de substances euphorisantes ; les chirurgies esthétiques ; les diagnostics prénataux utiles à l'évitement de pathologies donc de souffrances annoncées ; le clonage thérapeutique – le clonage reproductif est une fiction : on ne reproduit jamais du même, mais un matériel génétique semblable immanquablement travaillé par l'interaction avec les autres, le réel, l'éducation, les parents, l'histoire, l'époque, les circonstances, etc. ; le clonage des cellules souches ; la thérapie génique ; la médecine prédictive...

Le corps postchrétien dépassé par les artefacts culturels, ouvragé par les techniques scientifiques de pointe, élargi par les acquis d'une heureuse heuristique de l'audace, soutenu par une volonté de conjurer le plus possible la négativité, porté par un souci hédoniste de production du plaisir et de conjuration du déplaisir, définissent un corps élargi, une bioéthique prométhéenne, et assurent d'un progrès dans le sens de la culture et de l'humanité.

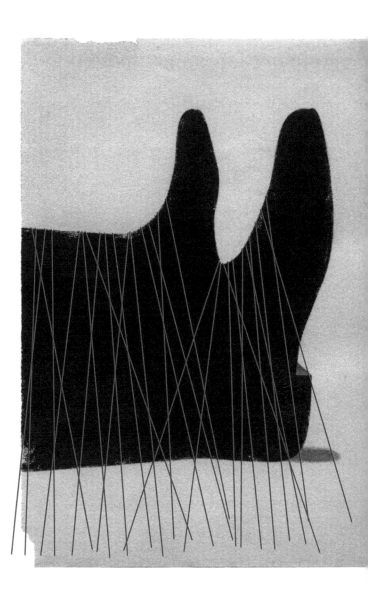

7

Politique

Pour finir, après l'éthique et ses variations érotiques et bioéthiques, envisageons la question *politique* – qui est, elle aussi, variation sur le thème éthique... Le champ politique s'étend du local à l'universel et, ces temps-ci, tout philosophe qui se respecte se polarise d'autant plus sur la planète qu'il méprise la commune : la cause noble pour un penseur digne de ce nom est internationale, intercontinentale, géostratégique.

D'où une pléthore de discours sur les guerres et guérillas de la planète entière, les conflits ethniques entre populations tribales des pays en développement, les génocides industriels ou artisanaux, autrement dit les planifications de morts à grande échelle avec la chambre à gaz nazie ou la machette hutu, les préférences communautaires juives ou palestiniennes, ce que je nomme la *misère propre*, celle qui fait bon ménage avec la fréquentation des grands de ce monde, le compagnonnage avec le président de la République en place, quelle que soit sa couleur politique, la péroraison des Droits de l'Homme, la théorisation du droit d'ingérence – l'autre nom du colonialisme postmoderne...

La quasi-totalité du cheptel philosophique français s'illustre sur ce terrain de la misère propre. Combien se soucient de la *misère sale* ? Celle de la victime de la brutalité du marché, une victime invisible la plupart du temps.

Misère du mendiant, du clochard, du gueux nommés d'abord sans domicile fixe, puis SDF par le politiquement correct d'une civilisation barbare pour laquelle l'oubli d'un mot puis le travestissement du signifiant suffisent bien souvent à évincer le problème.

Misère du chômeur, du RMiste, du fin de droit, du travailleur précaire, du stagiaire, de l'ouvrier accroché à sa tâche d'esclave, à la merci du premier plan de restructuration comme on dit désormais pour éviter de dire : de mise à pied, de licenciement, de mise à mort sociale…

Misère des femmes contraintes à effectuer deux journées en une, arraisonnées aux tâches domestiques par le préjugé phallocrate millénaire, destinées prétendument par nature aux fonctions que la quotidienneté destine à l'évaporation : la cuisine, la vaisselle, les courses, le ménage, les enfants, autant de chantiers sans cesse à refaire, dominés par Sisyphe…

Misère des victimes du libéralisme que je définis clairement et simplement comme le système économique et politique dans lequel le marché fait la loi partout – dans la culture, la santé, l'éducation, la défense, la sécurité. Dans le monde libéral, la satisfaction hédoniste triviale et vulgaire d'une poignée de privilégiés se paie par l'humiliation, l'exploitation, la soumission, la domestication, la subordination et la servitude du plus grand nombre.

La domination sans partage du libéralisme, la contamination de ce qui fut une gauche dite socialiste par cette idéologie proliférant comme une tumeur maligne dans le moindre recoin de la société civile, de la psyché de notre société, de l'âme du plus modeste des citoyens, cette domination, donc, a généré un nouveau mode d'exploitation : un mode micrologique.

Le fascisme casqué, armé, botté a fait son temps en Occident. La domination politique s'effectue plus subtilement avec des instruments plus fins et des acteurs moins repérables. Le camp barbelé avec miradors, militaires armés jusqu'aux dents, douves minées et protégées par des armes automatiques de gros calibre a laissé la place à la simili-virtualité des sociétés de contrôle avec ses surveillances informatiques, numériques, électroniques, médiatiques.

La disparition du fascisme macrologique centralisé et bureaucratique, administratif et étatique, a laissé place à des microfascismes décentralisés et rhizomiques, intersubjectifs et disséminés. Le pouvoir n'est plus dans un lieu spécifique comme l'ont cru les derniers marxistes, en l'occurrence les althussériens, dans les AIE – appareils idéologiques d'État. Il est partout. Dès lors, le fascisme n'est plus ici ou là, en des lieux facilement identifiables, mais partout, dans des situations éphémères, provisoires. Le courant fascistoïde n'est pas continu, mais alternatif.

Ce nouvel état des lieux contraint à modifier la stratégie politique : le marxisme, autrement dit le socialisme prétendument scientifique, a montré ses limites dans les grandes largeurs. Le communisme pour demain a surtout apporté la dictature aujourd'hui – et cet aujourd'hui a duré longtemps à l'Est... Le laminage des autres socialismes par le socialisme marxiste a fait long feu. Il s'agit non pas de rompre avec l'idée socialiste mais avec sa seule formule marxiste – ou communiste autoritaire.

D'où la nécessité d'aller regarder du côté du socialisme que les marxistes ont dit utopique, et ce dans la simple perspective de l'opposer au leur en le discréditant. Dans la constellation de propositions socialistes, je retiens la formule libertaire de Proudhon dont les partisans ont été deux fois exterminés : une fois par les armes à feu des Versaillais lors de la Commune, une autre par les armes à feu verbales des marxistes qui ont eu recours à tous les moyens, y compris les moins honorables, pour en finir avec les idées proudhoniennes dans les différents congrès de l'Association internationale des travailleurs.

Je distingue le capitalisme du libéralisme et désespère qu'on confonde souvent les deux termes : le capitalisme est un mode de production des richesses dans lequel la rareté constitue la valeur ; le libéralisme un mode de redistribution des richesses dans lequel le marché libre fait la loi. Le capitalisme est aussi vieux que le monde et durera autant que lui : nous ne sommes pas tenus de souscrire à la seule définition marxiste qui confine le mot et la chose dans une fourchette historique, avec date de naissance dans la période industrielle et date de décès prévue le jour de la révolution prolétarienne... Du coquillage sans double qui fait la fortune de son propriétaire pendant la période néolithique à la monnaie virtuelle de l'agent de change de la place boursière new-yorkaise, la rareté fait la loi. Le capitalisme est donc une machinerie indépassable.

En revanche, ce capitalisme se coefficiente : le capitalisme *néolithique* n'est pas le capitalisme *financier*, qui n'est pas le capitalisme *antique* des Gréco-Romains ni sa formule *médiévale*, encore moins celui qu'on prend souvent pour le seul, le capitalisme *industriel*. Le problème est donc moins dans le substantif que dans son épithète : capitalisme, certes, mais quel capitalisme ? Capitalisme *libéral*, non merci.

Ceux qui veulent l'abolition du capitalisme, sa disparition, restent évidemment flous sur les moyens d'y parvenir et encore plus illisibles sur la société qui en découlerait. Le responsable d'un parti jadis trotskiste, aujourd'hui repeint aux couleurs de la modernité, précise que son communisme et son envie d'abolir la propriété privée épargneront... les petites propriétés. Qu'est-ce que cette abolition du capitalisme dans laquelle la propriété privée conserve son droit de cité ? Une autre forme de capitalisme, mais pas sa disparition.

Proudhon avait prévu cette aventure et proposait non pas une abolition de toute propriété mais celle de ce qu'il nommait l'« aubaine », autrement dit le bénéfice fait par un propriétaire sur la spoliation d'une force de travail jamais prise en considération et rémunérée dans le salaire. Le fédéralisme, le mutualisme, l'association et autres formes de contrats synallagmatiques volontaires proposés par Proudhon constituent une solution viable pour répondre ici et maintenant, en dehors de toute considération politique millénariste, iréniste, utopiste, apocalyptique.

Un capitalisme libertaire est donc possible. Il suffit qu'on pense de façon dialectique en effectuant un droit d'inventaire sur la belle tradition anarchiste européenne. Ce qui a été pensé par les grands ancêtres afin de répondre aux problèmes posés par le XIXᵉ siècle ne saurait fonctionner sans une réactivation de cette pensée antiautoritaire, immanente, contractuelle et pragmatique qu'est le socialisme libertaire. Imagine-t-on que les solutions de Bakounine aux problèmes de la société de son temps pourraient convenir à une société plus vieille d'un siècle ? Quel patient accepterait de se faire soigner aujourd'hui d'une maladie grave par un médecin qui ignorerait tout des découvertes scientifiques et médicales effectuées après le microscope et Pasteur ?

Le postanarchisme nomme aujourd'hui la pensée libertaire qui, ayant pris en considération les leçons du XXᵉ siècle (totalitarismes, fascismes bruns, rouges et verts, les guerres, la bombe atomique, les génocides, la destruction de la nature, et autres sacrifices faits à la pulsion de mort...), effectue un droit d'inventaire et propose une politique pragmatique, concrète, immanente et praticable ici et maintenant. L'anarchiste qui reste campé sur des positions doctrinales vieilles de plus d'un siècle et pense son temps avec les catégories d'un monde mort n'a de perspective que dans la croyance, la foi, la religion d'un paradis à venir par la grâce du grand soir révolutionnaire – vieille resucée de la parousie chrétienne du royaume de Dieu...

La politique que je propose suppose ce que je nomme le *principe de Gulliver* : chacun connaît l'histoire de Swift qui montre comment un géant peut être entravé par des Lilliputiens si et seulement si le lien d'une seule de ces petites créatures se trouve associé à une multiplicité d'autres attaches. Le comportement de Gulliver illustre à ravir la leçon de La Boétie : « Soyez résolus de ne plus servir et vous voilà libres. » La domination n'existe que par le consentement de ceux qui l'acceptent. Si l'on refuse l'assujettissement, et que l'on est assez nombreux pour cela (leçon de l'association d'égoïstes de Stirner...), alors le pouvoir s'effondre de lui-même, car il ne tient sa force que de notre faiblesse, il n'a de puissance que de notre soumission.

Concrètement, il s'agit, *d'une part*, de ne pas créer les microfascismes du genre assujettissements, dominations, sujétions, dépendances, servitudes, pouvoirs, *d'autre part* de ne pas y consentir. Car la logique domination/servitude n'existe que par la volonté de ceux qui dominent et par l'absence de refus de ceux qui subissent cet empire. Chaque microfascisme se désintègre par une microrésistance.

La révolution n'est donc pas affaire idéale, destinée à produire ses effets demain, en permettant aujourd'hui les pires exactions de la part de ces prétendus révolutionnaires animés la plupart du temps par le ressentiment doublé d'une forte passion pour la pulsion de mort, mais possibilité, *hic et nunc*, de changer les choses.

Cette perspective de révolution concrète libertaire, non autoritaire, opposée au sang et aux armes, à la violence et à la terreur, présente également l'avantage de mettre le prétendu révolutionnaire au pied du mur : il n'a pas le prétexte de la négativité hégélienne pour justifier l'injustifiable dans l'instant sous prétexte qu'il prépare le bonheur de demain – un demain qui n'arrive jamais, car demain, c'est toujours pour demain...

Avec un socialisme libertaire actionné selon la mécanique des microrésistances concrètes, on voit alors le féministe sur le papier, l'antiraciste sous les calicots, l'écologiste des banderoles, l'antifasciste au mégaphone, le révolutionnaire au slogan, tenus d'être féministes dans leurs relations amoureuses, antiracistes au quotidien, écologistes dans leurs habitudes, leurs comportements, leurs faits et gestes, antifascistes dans toutes leurs relations intersubjectives – avec leurs enfants, leurs proches, leurs familles, leurs voisins, leurs collègues de travail, leurs voisins de table, de transport en commun, leurs congénères dans la rue et toute autre situation concrète...

À la lumière de cette *révolution pratiquée*, le rêveur qui veut la révolution internationale et ne sait pas la faire dans son entourage, l'intégriste qui donne des leçons doctrinales au monde entier et se trouve incapable de créer une microsociété libertaire, la belle âme de gauche qui pérore et pontifie avec le *Capital* dans une main et le knout libéral dans l'autre, ceux-là, donc, s'effondrent comme de pitoyables clowns d'un idéal trop exigeant pour leurs petites santés...

La perspective du « devenir révolutionnaire des individus » – pour citer Deleuze – trouve ici sa vérité. En politique, l'hédonisme se résume à la vieille proposition utilitariste des Lumières : il faut vouloir *le plus grand bonheur du plus grand nombre*. Non pas demain, trop facile, trop simple, trop confortable, mais ici et maintenant, tout de suite. Cet impératif présente l'avantage de permettre un tri redoutable dans la masse des « Grands Diseux ». À cette aune, nombre de révolutionnaires de papier se volatilisent comme une vesse... Restent les subjectivités dignes de considération.

Illustrations de Jean-François Martin

LES INVITÉS

TITOUAN LAMAZOU

Paillardises

Ce que j'aime chez Titouan, outre le navigateur exceptionnel et l'artiste hédoniste, c'est son talent pour énerver les vedettes de l'art contemporain dont il ne partage pas les codes. Comme il n'a pas les titres de noblesse ni le sang bleu de la caste de *ceux qui font l'art dont on parle dans les revues qui parlent de l'art dont on parle* ; comme il ne fait partie d'aucune tribu qui permet d'obtenir des dispenses et des indulgences pour être intronisé tout de même dans cette aristocratie ultra-élitaire, qui pétitionne pour la démocratie pourvu que son geste soit relayé par les circuits médiatiques ; comme il ne cite pas à tout bout de champ des auteurs qu'il n'aurait pas lus mais dont les incantations avec ces noms sacrés suffisent à conférer l'aura de sérieux ; comme il parle peu et n'envisage pas une œuvre qui ne parlerait pas pour elle-même et exigerait le décodage de l'artiste promu dès lors professeur de lui-même, le gratin de l'art dit contemporain a, un jour, initié une pétition contre lui. Privilège que je partage avec lui : la pétition des gens bien-pensants qui aiment la liberté pour eux, mais jamais pour les autres.

M. O.

1

Titouan Lamazou ne pontifie pas en donnant les secrets de fabrication de ses photographies, il le pourrait pourtant : il n'explique pas que des montages informatiques lui permettent, comme Carpaccio avec son pinceau, de faire figurer dans un même espace des temps différents ; il n'explique pas que des espaces différents, séparés par la contingence des formes du temps (voir Einstein...), se retrouvent assemblés, toujours par pixels interposés, dans un espace nouveau devenu dès lors transcendantal ; il n'explique pas que le divers construit fabrique une unité esthétique sur le mode de la sublimation ; il n'explique pas qu'ayant lu un philosophe qu'il n'aurait pas lu, il déterritorialise, produit de l'espace lisse, crée du simulacre, etc. Dès lors, la caste tourne les talons, autrement dit : lui tourne le dos.

Cassia et sa nièce, prostituées, São Paulo, Brésil, 2004.
Gouache sur papier, 43 x 66 cm.

Toilette chez les Kamayura, réserve du Xingu, Brésil, 2004.
Photo argentique rehaussée gouache, 24 x 30 cm.

ilian, styliste à Los Angeles, 2004.
Tirage Lightjet sous diasec, 200 x 154 cm.

2

Autre raison pour moi de l'aimer : il ne méprise pas les gens et ne sacrifie pas à la formule obligatoire chez nombre d'artistes, un lieu commun d'aujourd'hui : le génie n'ayant pas de public, il ne saurait y avoir de génie pour qui a du public... Un propos tenu la plupart du temps par des gens n'ayant ni génie ni public. Son œuvre touche le grand nombre, elle procède d'un travail d'artiste que son auteur ne monte pas en épingle, elle mérite donc l'intérêt qu'on porte aux plus grands.

3

Enfin, il y a les sujets et le message. Dans ce petit monde égotiste, autiste, narcissique, nombriliste, il s'engage pour les femmes et attaque tout ce qui les aliène : la réduction de leur être à leur corps ; la logique marchande qui sous-tend la chirurgie esthétique ; la prostitution sous ses formes habituelles ou plus convenues – je songe au mariage bourgeois – ; les discours religieux et les coutumes tribales, dont les mutilations sexuelles ; l'industrie pornographique ; la mondialisation libérale et son cortège de paupérisation dans les pays émergents ; les migrations d'un enfer vers un autre enfer... Titouan Lamazou lutte contre le nihilisme, normal que les nihilistes luttent contre lui.

M. O.

fleur de Cerrado

Nadia, indienne Kamayura de la réserve du Xingu, Brésil, 2004.
Photographie argentique rehaussée gouache et brin de capim, 60 x 40 cm.

ROBERT MISRAHI

Pour une éthique réfléchie du plaisir et de la joie

Jadis, ma directrice de thèse m'avait offert un livre que Robert Misrahi lui avait dédicacé – il y a prescription, c'était il y a trente ans, je peux aujourd'hui donner l'information... Il s'agissait de *Éthique, politique et bonheur*. Ce dernier mot ne faisait pas partie de son monde et de ses soucis, elle était spécialiste de « philosophie politique et juridique ». Elle m'avait dit : « Tenez, ça c'est pour vous... » J'ai lu et me suis dit qu'elle avait raison. J'ai dévoré ensuite le plus que j'ai pu de Robert Misrahi.

Il y eut ensuite entre lui et moi des rendez-vous manqués pendant plusieurs années avant une réelle rencontre qui m'a permis de dire à cet homme que j'admirais son travail et son trajet de résistant aux errances du XXᵉ siècle qu'il a traversé droit. Cet homme qui a bien connu Sartre et Beauvoir, qui a rencontré Camus, a été l'élève de Merleau-Ponty, Bachelard et Jankélévitch, n'a jamais succombé aux sirènes de son siècle : le marxisme-léninisme, le stalinisme, le freudisme, le lacanisme, le maoïsme, le structuralisme.

Dans un même mouvement, ceci expliquant peut-être cela, il a tenu haute l'exigence spinoziste d'une philosophie éthique du bonheur et de la joie. Professeur à part, il a publié ce qui s'est fait de mieux sur Spinoza, mais également, sa production authentiquement philosophique, un fort *Traité du bonheur* en trois volumes qui a été au XXe siècle, et pourrait être au siècle suivant, un antidote violent aux passions tristes qui saturent l'humanité depuis l'ouverture des camps de la mort.

M. O.

Les temps de crise sont toujours riches d'enseignements et sont parfois porteurs d'avenir. À travers les crises, plusieurs faits deviennent évidents : une claire conscience de la souffrance, le sentiment de l'intolérable et de l'urgence, le sentiment de révolte. Si nous les regardons bien, ces faits nous apportent des lumières. Ils prouvent deux vérités, ils attestent de deux réalités.

D'une part, la crise est (à bon droit) tenue pour injuste, c'est-à-dire contingente : elle aurait pu ne pas se produire, elle ne devrait pas se reproduire. La révolte ou la critique sont donc pertinentes, elles ont du sens, puisqu'elles pourraient changer les choses ; c'est dire que c'est l'homme lui-même qui fait son histoire, bien ou mal. Il est donc libre (et, en même temps, souvent aliéné certes) et il a raison d'agir.

D'autre part, les contestations se font en vue d'un avenir meilleur. Ceux qui s'agitent en vain pour l'aventure ne s'intéressent qu'à eux-mêmes et à leur présent. Ceux qui agissent vraiment combattent (à bon droit) pour des buts qui soient gratifiants : élévation du niveau de vie, accès au confort, à la culture et à la joie de vivre pour le plus grand nombre. Ils ne savent pas le dire, mais ce qu'ils recherchent par la contestation et le désir de justice, c'est une vie gratifiante, une vie heureuse.

Rousseau disait : « L'homme est né libre et partout il est dans les fers. » On peut préciser sa formule en s'appuyant sur les deux enseignements d'une crise : l'homme est libre, et, contre l'aliénation, il recherche le bonheur et la joie.

Ici se posent deux grandes questions. D'abord, en quoi consistent ce plaisir, cette joie, ce bonheur auxquels aspirent la plupart des gens ? Ensuite, ce bonheur est-il accessible et, si oui, quelles en sont les principales voies d'accès ? C'est tout le problème du sens de la vie qui est ici posé. Pour le résoudre, et répondre en chemin aux deux questions posées, analysons d'abord quelques faits et quelques actes.

Pour commencer

En premier lieu, nous devons reconnaître que nous ne vivons pas dans un monde qui puisse se rapporter à un dieu quelconque. Quoi qu'en disent les religions, ce « dieu » n'est qu'une idée vide ou contradictoire, une croyance, une mauvaise foi destinées à masquer les tragédies que l'humanité produit et à la consoler de l'impuissance et de la cruauté de ce pseudo-dieu. Parce que les guerres de religion et les massacres de masse existent, Dieu n'existe pas.

L'homme doit donc prendre en mains son propre « destin », construire lui-même sa souveraineté et son autonomie. C'est à lui de résoudre les difficultés et de surmonter les obstacles rencontrés dans sa vie. Nous avons donc intérêt à nous situer dans une perspective immanentiste et athée pour conduire au mieux notre existence.

En second lieu, nous devons être au clair avec notre propre nature. Nous ne sommes pas l'union d'un corps et d'une âme, nous sommes des êtres immédiatement unitaires, chacun étant simultanément un corps et une conscience, un corps en première personne qui est une conscience en première personne. Comme je le disais récemment dans un colloque de neurologues sur le cerveau et la pensée, c'est bien le

cerveau qui produit la conscience et toutes les réalités qui sont de l'ordre de l'esprit, mais c'est donc lui qui produit la contingence et la liberté dont sont capables les humains, c'est lui qui invente la culture et la liberté.

Ces deux grandes données de base nous permettent maintenant de mieux cibler les analyses. Quel est donc et, plus précisément, *qui* est donc cet homme qui est un corps-conscience et qui doit construire sa vie par ses seuls moyens humains ?

La doctrine du désir-sujet

L'homme est un être de Désir. Celui-ci est déployé par un être conscient. Tout individu humain, adulte ou non, cultivé ou non, est conscience de soi. L'affirmation hâtive consisterait à identifier cette conscience immédiate et quotidienne avec une réflexion (qui pourrait aussi être une connaissance). Celle-ci n'est qu'un second niveau, le fruit d'un effort de redoublement et de distanciation, et c'est cet effort, ce « travail », qui peut engendrer concentration et méditation, culture et connaissance, réorganisation réfléchie de la vie, invention de normes et de valeurs. En un mot, accéder à une liberté neuve parce que structurée et concertée.

Il faut insister sur le fait suivant : cette seconde liberté n'est possible que par la première. Exalter la réflexion n'est pas déprécier la réflexivité quotidienne : au contraire. Car le travail de libération effectué par la réflexion n'est possible que si, *auparavant*, est donnée une conscience. C'est-à-dire une présence à soi en première personne, bref : un sujet. Non pas encore un être de souveraineté et de maîtrise, mais un être qui, fût-ce dans l'ignorance, la confusion ou la souffrance, est toujours cependant présent comme « je » et capable d'initiatives concrètes et de redoublement réflexif. Cet être premier est déjà sujet, et il est la condition de possibilité de l'individu souverain.

C'est parce qu'on a toujours négligé cette distinction qu'on a élaboré jadis l'hypothèse de l'« inconscient ». Seul un sujet conscient, premier et quotidien, fût-il confus et ignorant, morcelé et angoissé, est en mesure de reconstruire son être et sa vie, et de mettre en place un sujet « souverain ». S'il en est ainsi, c'est que le sujet premier est *déjà* libre. Il faut être déjà libre, fût-ce dans l'ignorance et la souffrance, pour être en mesure de construire une liberté neuve qui soit satisfaisante. La capacité de « libération » appartient à tout être, car tout être est déjà libre comme pouvoir d'actions contingentes et imprévisibles. Encore doit-il vouloir se « libérer » et devenir sujet souverain. Ici, un acte, une décision, une attitude, une recherche sont indispensables : mais ils ne sont pas le fruit d'une « volonté », ils sont l'acte même du Désir. La décision de libération est l'acte d'un sujet qui est un Désir et qui décide de devenir sujet souverain.

C'est dire que le sujet (premier ou second) est déjà tout entier Désir. Les désirs, le Désir, ne sont pas une « instance » à côté du sujet, ils *sont* le sujet. C'est pourquoi le désir est toujours conscient, même s'il n'est pas toujours pertinent et connaissant. C'est ce Désir premier qui, à un certain niveau de souffrance ou d'insatisfaction, *se fera lui-même* Désir réfléchi, Désir actif et re-créateur de soi.

C'est pour rendre compte de tous ces faits que je désigne l'individu humain comme *Désir-sujet*. Le Désir est le mouvement même du sujet, il est le sujet. Ce n'est ni rabaisser le sujet à n'être qu'une force compulsive, ni faire du Désir un mouvement immédiatement souverain. Le Désir est une réflexivité obscure qui peut, éventuellement, décider de se reconstruire comme Désir-sujet indépendant et souverain.

Reste à dire la qualité du Désir, son contenu qualitatif et vécu. Il n'est pas « manque » insurmontable, mais manque partiel et provisoire en même temps que dynamisme capable d'accéder à son but qui est le plaisir et la satiété, la jouissance et la joie, la plénitude et la « substantialité ». La joie, le plaisir sont d'abord, en leur simplicité, des expériences positives vécues par tous. Elles disent l'essence même de l'homme c'est-à-dire sa nature et sa vocation comme Désir conscient visant l'accomplissement.

Mais la simple poursuite du plaisir immédiat ou le déploiement de la convoitise ne suffisent pas à conduire le Désir-sujet vers cet accomplissement. La conscience spontanée est trop souvent confrontée à son propre désarroi, aux conflits des désirs ou à la guerre des consciences. C'est pourquoi l'éthique qui conduit à la joie doit commencer par un renversement réflexif.

L'acte fondateur
et le recommencement de la vie

Cet acte premier, je l'appelle « conversion ». Il n'est ni une fusion mystique avec un dieu, ni le ralliement à une dogmatique. Il n'est pas religieux, il est humain et réflexif.

Plus précisément, il est une rupture intérieure avec les anciennes convictions, cette rupture étant un renversement, une inversion des attitudes ordinaires de la pensée. Cette conversion préalable, œuvre du Désir et de la réflexion, est destinée à instaurer le tout-autre. C'est-à-dire une tout autre façon de vivre et de penser que la façon choisie spontanément par l'individu, trop souvent aveugle dans le déploiement de son Désir. Il s'agit au contraire de vivre « autrement », c'est-à-dire de vivre le tout-autre.

On peut préciser la nature de cet acte subversif qu'est une conversion réflexive. *D'abord*, le sujet se redouble et se retourne sur lui-même. Non pas déjà pour « se connaître », mais pour prendre explicitement conscience de son propre pouvoir : il s'avise alors du fait qu'il est une conscience déjà libre et créatrice de sens et de valeurs, ceux-ci ne devenant pertinents que par une réflexion. Cette capacité est un pouvoir, un pouvoir de création et de re-création. Les situations et leurs contraintes proviennent des sujets eux-mêmes et de leur regard. Sachant cela, le sujet passe de la passivité à l'autonomie. *Ensuite*, on renverse l'attitude à l'égard d'autrui. Au lieu de le considérer comme un objet, comme un outil éventuel, on le considère comme ce qu'il est : un sujet, un Désir-sujet qui est son propre centre. On passe de la réversibilité en miroir (je donne si tu donnes, je frappe si tu frappes) à la réciprocité vraie (je donne sans rien calculer et je me réjouis de recevoir un don sans calcul). Cette réciprocité est la seule véritable reconnaissance. *Enfin*, on renverse l'attitude générale à l'égard de l'existence : au lieu de la considérer comme un fardeau destiné à la souffrance et à la mort, on la considère au contraire comme une chance destinée à la jouissance et à la joie. On se détourne de la pensée tragique vouée à l'échec et à la mort, et l'on s'ouvre à une pensée créatrice vouée à l'accomplissement de soi et des autres.

On le voit, cette conversion comporte trois moments réflexifs et « renversants » : le sujet pose d'abord qu'il est son propre fondement et affirme ainsi son *autonomie* ; il pose ensuite qu'il en va de même pour l'autre et que seule la *réciprocité* est libératrice ; il pose enfin que la vocation du Désir est son propre accomplissement, c'est-à-dire la *jouissance de la vie* et du monde et non pas la « méditation de la mort ».

C'est en référence à une telle conversion, posant le pouvoir du sujet, que l'on peut répondre à notre première question : oui, l'accomplissement du Désir est par nature à la portée du sujet. Reste la deuxième question qui est celle de la nature du bonheur : l'éthique de la joie répond en proposant quelques contenus.

Le bonheur même

Il est la synthèse de grandes joies substantielles : elles sont des actes et non des passivités extatiques. Elles peuvent se répartir selon trois contenus, qui sont trois chemins.

La première Joie, qui est celle de fonder sa propre vie, réside dans l'acquisition de l'autonomie par la connaissance et la réflexion.

La deuxième Joie est celle de l'amour de tout autre. Il implique reconnaissance de l'autre dans son universalité de sujet et sa particularité personnelle. Il implique aussi : renaissance commune à une vie neuve ; admiration réciproque de l'esprit et du corps ; plaisir charnel issu du vouloir et du consentement de la conscience ; jeux érotiques éventuels ; absence éventuelle de sexualité explicite ; création réciproque de chacun par l'autre ; justification du sens de la vie exclusivement par l'autre ; les questions de durée et de liberté sont à inventer par chacun. Un tel amour, comme acte absolu, préfère se déployer dans la beauté : celle de la demeure, celle de l'art et celle du monde. Cette Joie rend toutes les autres possibles, c'est pourquoi elle est par excellence la jouissance d'être.

La troisième Joie est la jouissance du monde : les plaisirs sont des actes de la conscience. Chaque plaisir charnel marque l'unité de la conscience et du corps, en même temps que, parfois, leur éclat et leur splendeur. La jouissance, les jouissances peuvent être actives, comme dans l'amour ou l'action ; elles peuvent aussi être à la fois actives et contemplatives comme dans l'amour ou dans l'art. Mozart et Manet peuvent nous conduire à la jouissance d'être. Mais, toujours, est indispensable une base aussi solide qu'un rocher : une philosophie eudémoniste.

Le bonheur est l'accord avec soi-même et la libre synthèse de quelques grandes joies substantielles. Je l'appelle *le Préférable*. Il est pour chacun le ce sans quoi la vie n'aurait évidemment plus aucun sens.

Illustration de Laurent Corvaisier

JEAN LAMBERT-WILD

Le Recours aux forêts

Jean est un Romain, lecteur des stoïciens, qui s'habille comme un personnage de BD : il faut imaginer Sénèque dans les habits de Tintin. La fréquentation des philosophes du Portique n'est pas pour lui une affaire de papier ou de bibliothèque, mais de vie et de mort ! Je suis, on le sait, un défenseur du Jardin d'Épicure et la tradition veut que les deux écoles aient été concurrentes. Mais la tradition est faite pour être ruinée, au sens archéologique du terme. La lecture des *Lettres à Lucilius* montre qu'il y a de l'épicurisme chez Sénèque et du stoïcisme, ô combien, chez Épicure. Nous croyons tous les deux à l'amitié romaine, celle qui ne se paie pas de mots mais s'incarne. On connaît la formule pour classes terminales : il n'y a pas d'amour, juste des preuves d'amour – même chose avec l'amitié.

Fraîchement arrivé de l'est de la France et promu directeur du Centre dramatique national de Normandie, il a trouvé urgent que nous nous rencontrions pour me proposer de travailler avec lui – ce qui me changeait des institutions précédentes toutes à l'évitement d'un compagnonnage réel... Le CDN est devenu la Maison de l'Université populaire de Caen pour une grande partie des séminaires – dont le mien.

Ensuite, il m'a conduit sur des terrains sur lesquels je ne me serais pas senti légitime en souhaitant de moi un texte à mettre en scène. Discussions épiques remplies de fouriéristes américains et d'Islande médiévale, de guerre du Péloponnèse et de batailles napoléoniennes, de bande dessinée comme d'une autobiographie et de corps deleuzien sans organes.

Ce fut *Le Recours aux forêts*, mis en scène par l'ami Jean, avec une chorégraphie de Carolyn Carlson, qui fut pour moi l'occasion de voir en actes ce que peut l'amitié : mon texte a été sublimé, au sens alchimique, par le génie de Jean et de ses amis qui sont devenus les miens. Sans Jean, il n'y aurait jamais eu cette pièce qui fut, mais je ne le savais pas, ma dernière façon de dire publiquement à mon père que je l'aimais. Il était dans la salle et, à un moment, sur scène, un spectre s'envole, blanc de lune dans une nuit d'encre. Ce vol était prémonitoire...

M. O.

Le Recours aux forêts, c'est...
Michel Onfray, Carolyn Carlson, Jean-Luc Therminarias, François Royet, Juha Marsalo, Fargass Assandé, Elsa Hourcade, Stéphane Pelliccia, Laure Wolf, Valéa Djinn, Jean-François Oliver, Mark Alsterlind, Renaud Lagier, Françoise Luro, Annick Serret, Claire Seguin, Gonzag, Olivier Straumann, Christophe Farion, Alicia Karsenti, Léopold Frey, Quentin Descourtis, Julien Delmotte, Frédéric Maire, Thierry Varenne, Benoît Gondouin, Bruno Banchereau, Patrick Demière, Pierre-Amaury Hervieu, Hubert Rufin, Serge Tarral, Antoinette Magny, Tristan Jeanne-Valès, Catherine Lefeuvre, Bernard Collet, Aurélia Marin, Patricia Colin, Michèle Barry-Benard, Hélène Fourez, Grace Rufin, Sylvie Clous, Martine Moricet, Virginie Pencole, Mimi Berthon, Josiane Besnard, Marie-Hélène

Esnault, Lôrent Creveuil, Patrick Le Mercier, Joël Migne, Thierry Sénéchal, Moëren Tesson, Claudio Codemo, Maryse Lechevallier, Brigitte Yvon, Hossein Badri, et moi qui a pu construire avec eux ce rêve qui sert d'abri à d'autres.

Le Recours aux forêts, c'est un phalanstère d'hommes et de femmes qui a su déployer un génie de liberté aujourd'hui devenu rare.

Au jour de la première représentation à la Comédie de Caen, j'étais si épuisé et si heureux que dans mon corps toute une forêt croissait selon ses propres lois. Mes yeux restaient écarquillés, cherchant alentour la preuve qu'un événement inhabituel s'était produit. Je la vis dans le regard du père de Michel et depuis je la retrouve, de ville en ville en suivant la tournée du spectacle, dans le regard de spectateurs venus associer leur génie à l'aventure libre et publique du théâtre.

Aujourd'hui, je vois un autre rêve se construire. Une contemplation de la ruche, un spectacle à venir où des hommes, des femmes et des abeilles développeront, comme me l'a écrit Michel Onfray, « cette vertu privée, en l'occurrence l'entraide, qui contribue à la vertu publique, l'excellence d'une communauté en état de marche ». Un rêve comme un essaim dont nous partagerons le miel en mai 2012 lors de sa création à la Comédie de Caen.

Adresse à l'ami

Mon ami est un jardin.

Y poussent de libres pensées qui n'ont pas la prétention de conquérir le monde.
Y fleurissent des rires qui réveillent les mots vieillis prématurément.

Un ami vous donne des mots qui, alignés, vous offrent
une volonté.
Moi,
Je suis noir de mots.
Ils sont les pigments de ma peau.

J'ai passé beaucoup de temps à retrouver mes mots.
J'ai fouillé de nombreuses bouches.
J'ai creusé d'innombrables livres.
J'ai déterré toute mon existence.
En vain...

Mes mots sont une folie en lutte avec l'infini.
Ils ne me sortent de terre que pour me remettre en terre.
Et dans le court temps de ma vie,
Leurs souffles m'unissent à cette mort que mon corps
ne veut toucher.

Sauver ma peau,
C'est laisser d'autres mots laver ma peau.

Pour cela,
Il me fallait un ami.
Je l'ai trouvé à Chambois.

À mon origine,
Subsiste une forêt primaire où mes rêves se gorgent de
l'humeur humide des arbres.
Cette forêt existe et n'existe pas.
Son peuplement s'est fait en dehors de moi,
Par strates de vies croisées, mêlées et aimées.
En moi,
Il est l'habitat des lianes entrelacées de mille raisons
Dont je ne puis déchiffrer tous les motifs.
Botaniste dormant,
J'aime me perdre dans ce territoire et faire sève d'incon-
nus.
J'y croise parfois des êtres étranges
Qui ont même forme et même visage que moi.

Mais qui sont autres.
Si autres que mon instinct se rebelle à les regarder dans les yeux.
Mais l'envie est si forte de m'enfoncer encore plus loin
Que je tiens mes yeux à la volonté de mon désir,
Suivant celui-là qui me ressemble trop.

Bien sûr,
Je rêve...
Et ce recours aux forêts
Me libère des monstres d'un monde qui rançonne les rêves
Et brûle ses forêts.

Dans ce monde,
Je me sais dérisoire mais plein d'espoir.
Car je suis armé
Du « fini mais sans bords » que m'a offert mon ami.
C'est une devise dans la nuit.
C'est une perspective qui libère la géométrie de mon corps.
Je suis part de cette vie croupie qui jouit d'être en vie.
Ainsi à la place d'un autre,
Je me vois,
Point sans figure,
Centre sans milieu,
Sans place et donc à toutes les places,
Heureux de vivre,
Aujourd'hui dans le vent,
Demain autrement dans la terre,
Réconcilié de me savoir fini mais sans bords interdits.
Et cela me suffit pour marcher...

Fol esprit,
Je dessine dans les cavernes de mon chaos
Les fresques qui excitent mon cerveau.
J'aime ce désordre fait de couleurs, de traits, de récits
Trouvés dans les pots abandonnés d'autres fols esprits.

Mon dessein
Est un chaos fait de milles chaos
Qui maculent les parois de mon âme,
La rendant invisible à tous ceux
Qui voudraient guérir ce qui justement me tient en vie.

Je récite souvent à haute voix les particules d'un cosmos
Qui autrement sont illisibles.
Cet exercice fait de ma peur une étoile comme une autre.
Je puis voir de mon point l'étendue d'un langage
Où l'homme brille au reflet d'un vide plus brillant que
lui.
Pas d'autres mondes
Que ce monde plein de mondes.
Et dans la nuit illuminée,
L'apparition et la disparition de tant de vie,
Dont les mots me seront toujours étrangers,
Mais qui me sculpteront et me façonneront,
À l'axe d'une vie
Qui saura voir son étoile et lui parler.

Je regarde mon ami
Son déplacement est une initiation au mouvement.
Un dépassement du geste appris et répété.
La réunion de trop d'instants séparés ou oubliés.

Que puis-je ?
Je peux me penser pour disparaître
Et disparaître pour créer.

Je peux m'amuser,
Jouir,
Et jouir encore du bonheur de la vie.
Je peux paresser d'amour,
En comptant les hoquets du soleil et les effeuillages de
la lune.

Je peux surtout,
Bercé dans l'arithmétique de ces plis voluptueux,

Repenser l'art
« D'un nouveau monde amoureux »
Qui sera le théâtre renouvelé de mon humanité.
Une audace de légèreté
Où le corps augmenté se pensera dans un esprit aug-
menté.

JEAN LAMBERT-WILD
Novembre 2010
Photographies : © Tristan Jeanne-Valès

GÉRARD GAROUSTE

La Source

Depuis que Gérard Garouste a confié à Judith Per-
rignon qu'il souffrait depuis des années de troubles
maniaco-dépressifs, on entre plus facilement dans sa
peinture qui raconte ce qui, en partie, l'a conduit dans
ce monde, et comment il y réside. Gérard Garouste
propose un monde, comme Jérôme Bosch, dans lequel
son réel apparaît comme *le* réel. Avec cette œuvre ori-
ginale, il est l'un des plus grands peintres français,
reconnu comme tel sur la planète entière. Son talent
d'artiste se double d'un militantisme qui me touche
car il a créé La Source, dans l'Eure, un lieu qui fait
de l'art une occasion de construction de soi pour des
enfants souvent d'origine modeste. Lors d'une exposition des travaux de ces enfants, touché par leur
extrême qualité, il m'est venu que La Source pourrait
bien représenter un jour la France à la Biennale de
Venise – ce qui nous changerait de l'indigence que
nous portons souvent dans ce lieu en sautoir...

M. O.

La source, c'est le bruit de l'eau à la campagne, la
musique des mots anciens que je ne finis pas de relire.

La source, c'est là que tout commence, c'est l'enfance du monde, voilà pourquoi notre association s'appelle ainsi.

La Source est née un soir d'hiver, en Normandie. Une élue de mon village est venue me chercher, des enfants et leur mère grelottaient dans une gare désaffectée en bas du chemin qui mène à ma maison. Le lendemain, je gueulais contre les services sociaux, ils m'ont dit : « Venez voir ! » J'ai vu. La misère rurale, des familles perfusées aux allocations où seule la télévision parle encore. J'ai vu des enfants réfugiés dans un arbre et leur père qui leur lançait des pierres. J'en ai vu un se mettre au lit avec ses bottes pleines de terre et personne pour lui dire qu'on ne va pas sous les draps avec ses chaussures.

C'était il y a vingt ans, un peu plus même. La Source fut montée dans la foulée, de mèche avec les éducateurs, sans autre but que de rendre du désir aux enfants, de les sortir de chez eux le temps d'un mercredi, d'un week-end, des vacances scolaires. Nous invitons chaque année un artiste reconnu, musicien, plasticien, peintre, cuisinier, chorégraphe, photographe, horticulteur, metteur en scène... Autour de sa discipline, les ateliers s'organisent. Ça peut commencer par une grande balade dans les bois, histoire de faire connaissance et d'aller dans les coins sombres réveiller ses fantasmes. Nous ne prétendons pas que tous les enfants sont des artistes, nous voulons simplement leur montrer ce qui est beau et surtout leur dire que ça peut avoir un rapport avec eux. La Source, c'est déjà deux sites : La Guéroulde dans l'Eure, une propriété réaménagée avec dortoirs sous les combles pour accueillir une trentaine d'enfants, et d'anciennes usines transformées en ateliers et en résidences d'artistes ; c'est aussi Villarceaux dans le Val-d'Oise, où le conseil régional d'Île-de-France a mis à notre disposition les communs du manoir de Ninon, un château Renaissance. Tout ce qui s'est fabriqué là au fil

Atelier Masmonteil.

des années, des artistes et des enfants a été exposé à Paris l'an dernier, au palais de Tokyo. Le regard des visiteurs était plus surpris qu'attendri.

J'ai d'autres histoires à raconter aujourd'hui. Plus drôles. Cette petite fille de sept ans dont les parents déménagent et s'éloignent de la Source : elle fugue, marche au bord de la route pendant cinq kilomètres, on la retrouve sur nos marches. Cette phrase entendue : « T'as du pot, t'es pas parti en vacances, t'es allé à la Source ! » Ou encore cette panique d'un enfant de douze ans qui ne savait pas lire – nous en avons beaucoup comme lui. Il travaillait depuis des mois dans l'atelier des chorégraphes indiens, il préparait avec les autres un spectacle de danse et de lecture qui se jouerait à la Source, mais aussi à Bordeaux et même à Madras, en Inde. Pour être du voyage, il fallait savoir lire, alors il s'y est mis avec acharnement et il est parti avec les autres.

Je sais que la Source ne reste qu'un terrain d'expérience, que l'on ne peut envoyer tous les enfants découvrir les splendeurs de l'Inde. Mais elle repose sur une idée toute simple, aussi mathématique que poétique : les enfants heureux apprennent mieux.

Il est aujourd'hui des associations qui repèrent, dans les écoles des quartiers difficiles, de très bons élèves que la réalité submerge et empêche d'accéder aux voies royales. Nous, nous accueillons ceux qui s'éteignent au fond de la classe, qui n'entendent pas ce qui s'y dit, qui ne s'accrochent à rien et se laissent programmer pour une vie à la charge de l'État.

La Source n'est pas un hasard sur le chemin artistique que j'ai choisi. J'aurais pu, vu mon âge, vu l'époque à laquelle je suis sorti des Beaux-Arts, invoquer l'héritage des iconoclastes, Marcel Duchamp en tête, briser un peu plus à mon tour les dernières règles, les derniers carcans, au profit de l'originalité et du contemporain. Mais je n'ai pas choisi la surenchère, parce que l'iconoclaste se sépare des autres, de l'opinion publique. Je ne le pouvais pas. L'école m'avait rangé parmi les cancres, ma famille ne m'avait rien appris, j'ai eu besoin de regarder derrière moi, de m'arrimer à ce que laissaient les peintres et les livres. J'avais besoin qu'on me transmette quelque chose, comme j'ai besoin de transmettre à mon tour aujourd'hui.

Du gamin que j'étais et que je garde blotti en moi. Des oubliés, que l'Assistance publique plaçait dans le village de Bourgogne où je passais mes vacances chez l'oncle Casso et ma tante Éleo... De mes deux fils, bien plus tard, qui se méfiaient de mes hauts, de mes bas, de ma folie, et m'obligeaient à user de tous les stratagèmes pour établir un contact avec eux. De tous les autres, croisés à la Source, parce que l'instituteur, le foyer, le juge les avaient envoyés là... De tous ceux-là, j'ai appris une chose : il faut séduire les enfants.

Si aujourd'hui l'école s'épuise, impuissante, face aux nouveaux brassages, aux nouvelles générations, c'est qu'elle refuse de changer. Je ne prétends pas qu'il faille la confier aux artistes, ces grands séducteurs par nature, je prétends qu'elle vit hors la réalité des enfants, qu'elle méprise les voies qui mènent à eux aujourd'hui, à leur imaginaire. L'école que j'ai connue, au mitan des années 1950, ne se résumait pas à un instituteur sévère dans une blouse – une image dont la nostalgie ambiante réclame un peu vite le retour. L'école, c'était l'inconnu, l'ouverture sur le monde pour des mômes qui ne connaissaient rien d'autre que le métier de leur père.

De nos jours, elle ne peut plus prétendre à ce rôle. Le monde vient aux enfants par l'ordinateur, la télévision ; pour eux, la richesse n'est plus dans la classe, mais à l'extérieur. Les écrans ont pris possession de leur cerveau, pas toujours pour le meilleur, parfois même pour le pire, mais c'est comme ça. Il serait dangereux de laisser le virtuel s'emparer de leurs voyages, mais il serait vain et criminel de leur opposer un temps qui n'est pas le leur.

Je fais souvent référence aux mains des enfants, en pensant à leurs tout premiers dessins, je devrais plutôt évoquer leurs doigts qui pianotent à toute vitesse sur les claviers, comme s'ils étaient nés avec. Puisque la société produit du déplacement numérique, puisque les enfants aiment ça, jouons avec lui ! Il ne s'agit pas seulement d'installer des ordinateurs dans les écoles en se flattant d'avoir débloqué des crédits pour produire un jour des cadres performants. Il ne s'agit pas non plus d'abdiquer, de renoncer à une littérature universelle et hors du temps pour avoir l'air moderne. Il faut réinstaller de la séduction.

C'est ce qu'a pensé un professeur de physique en voyant ses élèves s'ennuyer et faire des photos dès qu'il avait le dos tourné. Il leur a dit : « Très bien, filmez mon cours. » Ensuite il leur a demandé de monter le film, c'est-à-dire de garder l'essentiel, et donc de retenir ce qui devait être su.

C'est ce qu'a fait le metteur en scène Dominique Pinot venu à la Source monter *Antigone* avec un foyer de jeunes filles. Des jeunes filles de 15 ans, sorties de leur famille pour des raisons terribles, souvent un viol. Des êtres durs, blessés. Lorsqu'il leur a parlé d'*Antigone*, elles l'ont traité par le mépris ; lorsqu'il leur a dit que c'était une histoire d'amour, elles ont ricané. « Bref, c'est comme *Roméo et Juliette* mais sans le balcon ! » a dit l'une d'elles... Elle était drôle sans le savoir. Les filles sont ressorties de cette aventure changées, adoucies ; elles ont appris à se voir autrement et, qui sait, à s'aimer un peu.

L'art ne devrait d'ailleurs pas être une ligne de fuite quand l'école a échoué. C'est un outil magnifique, qui ouvre à l'histoire, à la littérature comme aux mathématiques. Pourquoi moi le cancre, qui n'ai pas décroché le bac, je n'ai jamais oublié la trigonométrie ou la géométrie descriptive ? Parce que c'est très utile quand on aime dessiner. Mais les très sérieux coefficients du bac semblent dire que l'art, ça ne compte pas.

La Source grandit tandis que l'école devient gare de triage. Mais comment grandir ? Pour l'heure, nos subventions se répartissent entre 40 % de mécénat privé et 60 % d'aide publique. Les premiers nous soutiennent trois ou quatre ans et puis s'arrêtent. Ils passent à autre chose, une autre bonne action, car nous ne sommes pas assez visibles… Le soutien doit aussi bénéficier à celui qui le donne, c'est la dure loi de l'image. Les acteurs publics, quant à eux, voient leur bonne volonté restreinte par les restrictions budgétaires et le désengagement. En vingt ans, j'en ai vu des élus, des ministres et des directeurs de services, j'ai côtoyé tous les bords, participé à des comités de réflexion sur la rénovation des programmes scolaires, j'ai parfois claqué des portes, j'ai eu droit, selon les époques, au ministre en personne et à son grand bureau, puis la fois d'après à un jeune cadre dynamique dans une cage à lapin qui me disait : « Vous êtes monsieur Garouste ? Qu'est-ce que vous faites comme métier ? » J'ai compris que rien jamais n'est acquis, ni la reconnaissance ni les crédits.

La Source est devenue trop lourde à porter pour un seul département, et pas assez puissante et reconnue à l'échelle du pays. Nous avions un choix à faire : réduire la voilure ou prendre le large. Nous avons opté pour la deuxième solution : grandir, devenir une association nationale, au point que nos partenaires n'aient plus aucun intérêt à nous abandonner. La Source va donc progressivement s'implanter dans le pays, ouvrir d'autres centres. Je ne croiserai plus tous les enfants qui passeront entre ses murs, mais je continuerai à entendre parler d'eux, et à parler d'eux pour faire les poches des mécènes et des ministres. Ça ne me gêne pas, ils sont la preuve vivante que l'art n'est pas un luxe.

Pour plus d'informations sur la Source :
www.associationlasource.fr

L'UNIVERSITÉ POPULAIRE
DE CAEN

Leçons de gai savoir
par Jacques Gallot

J'ai créé l'Université populaire de Caen en 2002, après avoir démissionné de l'Éducation nationale, pour m'inscrire en faux contre l'usage élitiste, universitaire et corporatiste de la philosophie. Pendant des siècles, cette discipline a été dans toute la Grèce et à Rome une activité « populaire » au sens noble du terme : elle s'adressait au charpentier, au marchand de poissons, à ceux qui se trouvaient sur l'Agora ou le Forum. Socrate, Diogène, Aristippe n'avaient pas en tête de former des étudiants ou des enseignants, mais des hommes debout... L'UP se propose de réactiver l'esprit des sagesses antiques. La connaissance distribuée n'y est pas l'occasion d'une signature de classe, d'un marquage social, mais d'une solidarité, d'une fraternité, d'un partage et d'une construction de soi.

J'ai confié l'écriture de cet article à Jacques Gallot que j'ai rencontré lorsque j'avais dix-neuf ans. Pour payer mes études, j'avais répondu à une petite annonce parue dans *Ouest-France* qui cherchait un correspondant. Je suis entré dans la petite pièce de la locale d'Argentan et j'y ai rencontré Jacques, son responsable. Si la douceur et la prévenance devaient être incarnées, ces vertus auraient son nom. Je n'étais rien, il m'a traité en égal. Trente ans plus tard, je n'oublie pas : des coups pendant l'enfance, quatre années d'orphelinat, trois années de pension, je ne croyais pas que dix-neuf ans était le plus bel âge de la vie ; mais la vie me montrait qu'il y avait aussi de *belles personnes*. Jacques en était ; il en est toujours.

M. O.

Quand l'Université devient populaire, c'est à Caen ! « Mais quand ? » pour rebondir sur un jeu de mots cher à Raymond Devos. Et qu'en penserait-il, lui, le regretté malicieux du spectacle, de ces deux expressions antagonistes : « université » et « populaire » ? Prudent, le journal *Ouest-France* mettait « populaire » entre guillemets dans ses premiers articles. Le quotidien régional s'en garde désormais. C'est que les disciples de Michel Onfray ne se comptent plus. Ils viennent par centaines de tous les horizons, tous les lundis soir, de 18 heures à 20 heures, pour une leçon de gai savoir, en accès libre, au Centre dramatique national de Normandie, jusqu'à en débattre ensuite entre amis. « Onfray met la philo à la portée de tous », confie ainsi Jeanine Le Gall, la soixantaine, expert-comptable à Courseulles et nouvelle adepte de « l'amphi ». Florilège des rencontres : « Le bonhomme est impressionnant de facilité et reste simple et abordable », « Il en vient à nous faire changer de vie tellement il sait amener la réflexion », « On devine chez lui une sensibilité hors du commun ». Pour l'année 2011-2012, Michel Onfray prépare un éloge de la politique libertaire d'Albert Camus.

Les héritages de l'UP

On était en l'an 2002, puisqu'il faut donner la date repère. Le siècle avait donc deux ans... Et, en ce clin d'œil hugolien de pure circonstance, le fondateur de l'UP de Caen venait de démissionner de l'Éducation nationale où il enseignait la philo aux lycéens ! De pure circonstance... Non, de la faute à Voltaire ou Rousseau, ou plutôt à Nietzsche et Bakounine. Vrai libertaire, ce Gavroche dandy, en jean, chemise et chapeau noirs, du verbe et de la plume – et de la plaine sous-préfectorale d'Argentan –, aurait aimé être sur les barricades de Mai 68. Du reste, si l'on en croit le journaliste Jean Lacouture dans *Le Monde*, c'est à Caen que la révolution de mai a commencé, bien avant le « 22 mars » de Nanterre, en plein centre-ville, avec près de 10 000 travailleurs affrontant 2 000 gendarmes mobiles et CRS jusque sur les marches – descellées – de la chambre de commerce et d'industrie, au cours de la nuit du 26 au 27 janvier. L'émeute urbaine avait pour moteur de jeunes ouvriers de la Saviem (filiale de Renault). Ils s'étaient soulevés contre les conditions de travail à la chaîne et déjà l'insécurité de l'emploi. Bilan : une centaine de blessés et quatre-vingt-trois arrestations.

Ce parfum soixante-huitard, après avoir gagné l'université (fac aux étudiants, Socio en grève et occupation), réapparaît quelques mois plus tard sur le terrain de la décentralisation théâtrale. Son porte-voix est un comédien autodidacte, feu Jo Tréhard, créateur de la Comédie de Caen en 1969. Le saltimbanque communal, venu de la cité épiscopale de Sées, avait été « remercié » par Jean-Marie Louvel, le sénateur maire centriste de Caen, à la suite de la municipalisation du Théâtre-Maison de la culture dont il était responsable. Conséquence de la rupture de la convention ville-État sur le TMC. Qu'importe, la Comédie de Caen devient centre dramatique national au « 32 rue des Cordes ». Jo Tréhard accueille la pièce de Roger Planchon créée en Avignon : *Bleus, Blancs, Rouges (les Libertins)*. Une dramaturgie sur la Révolution, celle de 1789, avec des personnages du peuple. Et il met en scène *Don Juan ou l'Amour de la géométrie*, du Suisse brechtien Max Frisch, avant de mourir prématurément en 1972. Obsèques dans la cathédrale ! Le bras de fer Tréhard-Louvel fit grand bruit dans tous les médias. Aujourd'hui, signe de reconnaissance posthume, l'esplanade du théâtre municipal de la préfecture du Calvados porte son nom.

Onfray, Tréhard, les deux rebelles si rimbaldiens, « dans les clapotements furieux des marées », montés à Caen, à trois décennies d'intervalle, ont la particularité d'être originaires, tous les deux, de l'Orne. Terre de fleuve naissant et d'esprits indépendants. Autant Tréhard était chrétien, autant Onfray est athée. C'est sans doute ce qui les distingue et ce qui les sépare. Cependant, dans le mouvement de qui résiste aux pouvoirs en place, Michel Onfray apparaît bien comme le continuateur de Jo Tréhard en Basse-Normandie. D'autant que l'Université populaire se tient maintenant au sein du théâtre d'Hérouville-Saint-Clair, la ville jumelle champignon née de l'exode rural et de l'immigration, ce théâtre même confié à la Comédie de Caen, devenue entre-temps le CDN de Normandie. Dans ce fief de Guillaume le Conquérant, il existe une autre filiation plus lointaine. Les premières universités populaires sont apparues au Danemark au XIXe siècle. Messieurs les Danois ! Oui, « nos ancêtres les Vikings... », pourrait-on écrire, en une boutade, à l'aune de l'Histoire.

Trêve nordique, la France « une et indivisible » en reprendra l'idée au moment des lois Jules Ferry sur l'école gratuite, laïque et obligatoire. En pleine affaire

UNIVERSITÉ POPULAIRE,
LA PHILOSOPHIE POUR TOUS!

Dreyfus, le militant anarchiste Georges Deherme, ouvrier typographe, et le socialiste anticonformiste Victor Basch, professeur de philosophie, lancent la Société des universités populaires. Ces dernières, qui se réclament des Lumières, seront cent-vingt-quatre, dans tout le pays, en 1901. La saignée de la guerre 14-18 les emporte. Elles renaissent quelque peu sous le Front populaire. Il faudra attendre l'après-guerre 39-45 pour les voir repartir d'abord à Mulhouse, puis à Caen. Invité lors d'un colloque, Michel Onfray a présenté, au Centre culturel international de Cerisy-la-Salle, là où a été entériné le Nouveau Roman, son initiative parallèle. « L'Université populaire telle que je la conçois se propose de mettre à disposition du plus grand nombre un savoir de qualité et de compléter ce premier temps d'offre d'un savoir par un second temps de discussion collective et communautaire de celui-ci. » Une université critique et lieu d'échanges.

Une équipe de 17 intervenants

Programmés tous les lundis (hors vacances scolaires de l'académie de Caen), les rendez-vous du « séminaire de philosophie hédoniste » sont l'élément phare du planning proposé en toute liberté (pas de présence obligatoire, pas d'examens, pas de diplômes) au public. Semaine après semaine, face à un auditoire sous le charme, Michel Onfray, assis devant une nappe rouge sur fond de tentures noires, construit, avec brio, clarté et mordant, sa « Contre-histoire de la philosophie ». On y vient de partout, et même des Parisiens y assistent ! Un écran vidéo, où s'inscrivent le synopsis et les références citées, surmonte la table du festin. L'insolent orateur remet le couvert, en 2011, avec un « menu psy » de choix : « Le freudisme hérétique : Otto Gross, Wilhelm Reich, Herbert Marcuse et Erich Fromm ». Pourquoi ? Il s'en explique en démythifiant encore et toujours : « La psychanalyse freudienne a bénéficié d'un immense malentendu avec Mai 68 qui, via la gauche freudienne, a donné l'impression d'être une discipline émancipatrice, libertaire, féministe, progressiste, rationnelle... Cet étrange paradoxe mérite qu'on s'y arrête. » L'exposé est suivi, comme à l'habitude, d'une heure de débat : le temps aux convives assemblés de poser deux ou trois questions.

Bref, Zarathoustra-Onfray reste un « engagé » du pavé sinon un « enragé » de la rue. Sa barricade à lui vient des Grecs et tient du concept : Diogène contre Platon. Depuis toujours, « le Misérable », il se situe du côté – piquant – des cyniques. Son objectif ? « Montrer l'existence, occultée par l'institution, d'une philosophie alternative. » Dans cette tentative, la définition du sociologue Pierre Bourdieu lui va à ravir : « Réinventer une sorte d'intellectuel collectif sur le modèle de ce qu'ont été les Encyclopédistes ». De fait, Michel Onfray n'incarne pas seul l'Université populaire de Caen. Son mérite est d'avoir su constituer une équipe. Dès la première année, Séverine Auffret, écrivaine et philosophe, le rejoint. Elle s'intéresse actuellement, à la lumière de Médée dans « Femmes et société », aux crimes de sang : « Femmes criminelles, les femmes infanticides ». Gérard Poulouin, enseignant à la fac et syndicaliste, arrive aussi. Il expose les idées politiques, en une parole singulière. Six figures se trouvent proposées à présent : « Remy de Gourmont, Octave Mirbeau, Charles Péguy, Max-Pol Fouchet, Louis Guilloux, Jean Paulhan ». Gilles Geneviève, professeur des écoles, dans un secteur classé ZEP, adhère également. Il poursuit les « Ateliers philosophie pour enfants et adolescents », destinés aux jeunes à partir respectivement de 7 et 14 ans. Sa démarche ? « Il me semble fondamental, répond-il, que les thèmes de discussion prennent la forme de questions et que celles-ci soient proposées par les enfants eux-mêmes. » Afin de développer autant que possible leur autonomie.

Avec bientôt dix ans d'existence, d'autres personnalités se sont « embarquées » dans l'aventure. Alexandra Destais défend les idées féministes. Paule Orsoni s'adonne à la lecture et au commentaire de textes philosophiques classiques. Myriam Illouz intervient sur la psychanalyse. Jean-Yves Clément est l'homme de la musique. Nicolas Béniès initie à la fois au jazz et à l'économie. Françoise Niay et Jean-Louis Poitevin exposent l'histoire de l'art contemporain. Arno Gaillard et Alain Marchal représentent le cinéma. Antoine Spire cadre la bioéthique. Jean-Pierre Le Goff enseigne l'histoire des sciences mathématiques. Bénédicte Lanot évoque la littérature contemporaine. Enfin, François Guillet, historien, définit le « normandisme » à travers son identité. Tous sont bénévoles. Cette organisation égalitaire cultive de la sorte – dans la gratuité – le partage des connaissances. Elle vise les 7 à 77 ans ! Au total : 15 séminaires, 17 intervenants, 250 heures de cours dans l'année. Les participants se révèlent de toutes les couches sociales. Qu'on en juge au hasard des témoignages de la presse : infirmière, chef de service et femme de ménage du CHU, étudiants, pilote d'Airbus, médecin, plombier, ex-cadre du syndicalisme agricole, ancien instituteur, ingénieur agronome, chef d'entreprise, météorologue, professeur, orthophoniste... Sans compter le supplément du « 1 % d'auditeurs » grâce aux retransmissions en différé, chaque été, des conférences de Michel Onfray sur *France Culture*.

En marge de l'establishment, la collégialité caennaise, qui est subventionnée par le conseil régional de Basse-Normandie dont le président demeure le socialiste Laurent Beauvais, se veut utile. Elle rayonne dans l'ensemble de l'agglomération : au CDN de Normandie certes, mais aussi au musée des Beaux-Arts, au Panta Théâtre, au Café Mancel, à l'Abbaye-aux-Dames et, enfin, à Ifs et Lion-sur-Mer. En tous ces endroits, l'UPC affiche, pour calicot de ralliement, une phrase d'Antoine Vitez à propos du Théâtre national populaire de Jean Vilar : « L'élitisme pour tous ». Revanche girondine, le théâtre du Rond-Point, à l'initiative de Jean-Michel Ribes, accueille en 2011, dans la capitale, l'UP de Caen, en une série de conférences sur les monstres ! Juste réciprocité : il n'est pas jusqu'à la Comédie de Caen qui a emboîté le pas avec *Le Recours aux forêts,* un texte poétique de Michel Onfray, sur les planches, en une chorégraphie de Carolyn Carlson, dans le cadre justement du festival « Les Boréales » et d'une tournée dans l'Hexagone et à la Guadeloupe. À l'origine du projet, Jean Lambert-Wild, auteur et troisième successeur de Jo Tréhard, joue, ici, comme metteur en scène, le registre de l'amitié.

Illustration de Muzo

L'UNIVERSITÉ POPULAIRE DU GOÛT

Un chapiteau dans un potager...
par Évelyne Bloch-Dano

L'Université populaire du goût est la formule politique d'un certain usage de la philosophie : dans un
jardin de réinsertion sociale, constatant le désintérêt
des participants pour les légumes frais et naturels, j'ai
proposé d'inventer un espace où l'on fédérerait l'éducation aux goûts. Apprendre à cuisiner, à manger, à
goûter, mais aussi à se retrouver, à être ensemble, en
sollicitant le corps dans sa totalité. Le jardin potager
s'est agrandi, il a accueilli un chapiteau, nous avons
installé des sculptures monumentales de mon ami
Pollès, un verger a été planté, bientôt une grande serre
sera aménagée, et nous avons le projet d'un restaurant
de réinsertion.

Évelyne Bloch-Dano, qui raconte ici cette aventure,
est *la biographe* des autres, l'épouse de Zola, la mère
de Proust, l'incroyable Flora Tristan... Elle est surtout,
je lui dis depuis toujours, la biographe d'elle-même
dans ses livres sur autrui. Il existe entre elle et moi
un long dialogue sur l'articulation entre la vie et l'écriture. Les conversations téléphoniques ou par mails
remplacent aujourd'hui la correspondance. L'une des
matières premières de la biographie s'évapore aussitôt

produite. Voilà ce qui meuble nos échanges sans traces. En la matière, elle dispose d'un matériau dont nul autre n'a connaissance.

À l'occasion de l'Université du goût, elle s'est logiquement faite *biographe des légumes*. Elle a mobilisé l'histoire et la géographie, l'art et la littérature, le folklore et la sociologie, pour montrer qu'on mange du symbole et du virtuel autant que des vitamines et du réel. Elle a ensuite été, toujours à l'UP du goût, pour épouser amicalement les thématiques changeantes de chaque année, la *biographe des jardins d'écrivains*, car un auteur de livres ne construit pas son éden personnel végétal sans arrière-pensées. Là comme ailleurs, elle ouvre discrètement les rideaux sur l'arrière-boutique de la scène.

M. O.

Un chapiteau dans un potager ? Ainsi se présente l'Université populaire du goût d'Argentan. Insolite, déplacé, *poétique* si l'on en croit la définition de Lautréamont – la célèbre « rencontre fortuite sur une table de dissection d'un parapluie et d'une machine à coudre »... Ce même Lautréamont qui proposait pour but à la poésie « la vérité pratique » et tenait qu'elle « doit être faite par tous. Non par un ». Donc, le chapiteau, image du voyage, du spectacle éphémère, de la foule rassemblée pour une soirée, ancré dans les carrés de choux, les planches de salades, les poireaux en ordre de bataille, les arbres fruitiers enracinés (presque) pour l'éternité. L'utile et l'agréable en une seule prise, la nature et la culture dans un même espace, une terre nourricière et un projet ambitieux.

Il est né d'un constat : les plus démunis, auxquels s'adressent les *Jardins dans la ville* d'Argentan, se détournent des légumes qu'on leur propose car ils ne savent (ne peuvent, ne veulent, ne désirent) pas les cuisiner. Jean-Luc Tabesse, ancien ouvrier au chômage,

responsable des chantiers d'insertion, raconte à son ami philosophe le gâchis, les légumes défraîchis, jetés. S'il fallait faire un portrait de Michel Onfray, je commencerais par ceci : l'aptitude à penser une situation et à la transformer, la réflexion faisant jaillir l'action, la parole jointe au geste, le pourquoi au comment. Le projet de l'Université populaire d'Argentan entre très vite en gestation. Dans cette désaffection des légumes, comment ne pas voir un problème social, comme si, même dans cette région rurale où jadis chacun disposait de son jardin, un lien s'était rompu, celui de la transmission ? Le « bien-manger » procède d'une culture, qu'elle soit régionale, populaire, savante, gastronomique. La fracture sociale s'exprime aussi et d'abord dans le domaine de l'alimentation. Les chiffres alarmants de l'obésité en France, pays pourtant réputé pour sa gastronomie, concernent les populations les plus fragilisées : enfants, adolescents, classes défavorisées.

L'idée : il faut (ré)apprendre à cuisiner les légumes, et faire de cet apprentissage une expérience conviviale. Le critique gastronomique Marc de Champérard prête main forte au projet en sollicitant des chefs cuisiniers de talent. Afin de ne pas se limiter à un savoir pratique, si essentiel soit-il, Michel me propose de présenter pour chaque légume, son histoire. Stupeur et tremblement ! Ma formation littéraire, mes biographies consacrées à des femmes, quelques essais potagers de Parisienne aux champs – une maison dans les environs – ne m'y préparent guère : « Justement, tu fais la biographie des femmes, tu peux faire celle des légumes ! » J'entends déjà les commentaires... C'est mal connaître son humour, sa force de persuasion, et notre amitié. J'accepte. Mes « histoires de goûts » précéderont les démonstrations des chefs avant de prendre leur autonomie dans un cours. Elles donneront naissance à « La fabuleuse histoire des légumes » avant de céder la place à celle des « jardins d'écriture ».

Les premières séances de l'Université populaire du goût se déroulent fin 2006 dans la salle des fêtes d'Argentan, faute d'un meilleur lieu. On attend une centaine de personnes, il en viendra cinq fois plus. Des chefs prestigieux – Jean-François Piège, Éric Fréchon aidé de Michel Roth, Didier Elena, et d'autres – cuisinent cardons, topinambours ou panais sous l'œil attentif d'une assistance toujours plus nombreuse. Des plateaux de dégustation circulent. L'entrée est libre et gratuite, ouverte à chacun. Nous sommes tous bénévoles, chefs compris.

Et le chapiteau ?

Il fait son apparition deux ans plus tard, mis en vente par la troupe de théâtre itinérante des Tréteaux de France. Une association aide l'Université populaire à le racheter, et c'est lui qui permettra la forme actuelle de nos séances. Un chapiteau est fait pour le spectacle : énormes volumes difficiles à chauffer, scène surélevée, espace peu propice à l'intimité, portes ouvertes au vent, voilures gonflées promptes à prendre le large... Mais un espace de circulation, de rassemblement, de fête qui va ouvrir l'Université populaire à de nouvelles aventures. Le goût, conjugué aux cinq sens, nous incite à proposer, outre les démonstrations gastronomiques, des concerts, du cinéma, des conférences, des tables rondes ou même, dans les jardins, des sculptures. Un atelier de philosophie pour enfants, animé par Edwige Chirouter, se tient dans le « manable » construit par l'architecte Patrick Bouchain. À l'initiative de Jean-Pierre Coffe venu animer deux séances, les activités de chaque journée sont organisées autour d'un unique thème. De la pomme de terre à Marcel Proust, de la Normandie à l'Espagne, des produits laitiers à Nietzsche ou Louise Michel, ainsi s'ouvrent les horizons de notre curiosité, de notre invention. Le pianiste Patrick

Cohen, la chanteuse Maya Villanueva nous accompagnent. La plasticité de la formule autorise toutes les libertés, pourvu que l'initiative ait du sens et que ne soit pas perdu de vue le principe de l'Université populaire : dispenser un enseignement de qualité, libre et gratuit, susciter l'échange des savoirs. Mais l'UPG échappe à toutes les définitions. Ici, pas de grille horaire qui enferme chaque enseignant dans sa classe ; pas même de cours proprement dits, à part mes « Histoires de goûts » et l'atelier de philosophie pour enfants ; un public passionné et mouvant où se reconnaissent des habitués, mais où viennent aussi des nouveaux, parfois de très loin ; un repas du soir pris en commun autour de grandes tablées ; une convivialité joyeuse qui n'exclut pas l'attention et parfois le recueillement devant telle jeune musicienne ou tel cuisinier dont le tour de main s'apparente à un tour de magie ; un mélange d'organisation et d'improvisation qui déstabilise parfois les invités, mais qui, selon moi, est le propre de la création.

Car, si j'aime l'Université populaire du goût, c'est aussi pour son inventivité. Nous avons mis du temps à trouver notre équilibre, au prix de tâtonnements, de querelles, d'abandons ou de ruptures qui valent choix. Aucune aventure collective ne se fait sans conflits ni affinités électives. L'équipe que nous formons est composite : il y a ceux qui sont sur le devant de la scène, et ceux (ou celles) qui travaillent dans l'ombre. Entretenir un chapiteau, améliorer le confort, chauffer, éclairer, gérer les entrées, les repas, assurer la communication, veiller à la sécurité, transporter un piano, des tables et des chaises, ranger, nettoyer : autant de tâches essentielles puisque nous n'œuvrons pas au sein d'une institution qui les prendrait en charge. Jean-Luc, Jean-Marie, Jean, Arnaud, Janine, Marie-Claude, Catherine, Michèle, Jeanine et les autres... L'association est placée sous le signe d'Épicure et de l'amitié. L'Université populaire du goût est une entreprise commune, devenue au fil des années, une construction, une création collective, une petite communauté fondée sur la camaraderie, parfois l'affection, à mille lieues des réseaux mondains.

Si « la poésie doit être faite par tous, non par un », cela n'exclut pas que l'un puisse en être l'origine et le maître d'ouvrage. C'est le rôle de Michel Onfray. Pendant longtemps, il n'a fait que de fugitives apparitions à l'UPG, se tenant dans l'ombre de la coulisse dans la salle des fêtes ou se contentant de tendre le micro aux invités. Pourtant sans lui, pas d'Université populaire du goût. Il porte l'initiative du projet, sa mise en actes, la responsabilité du collectif, il met à son service son nom, ses relations, son temps, son énergie, son imagination, son savoir, sa générosité. C'est sa création et son œuvre. Son cours de philosophie se tient à Caen. Mais sa philosophie a cours à Argentan : la place du corps, des sens, un discours qui s'ancre dans le réel, la « vérité pratique », l'exigence intellectuelle, un hédonisme qui n'exclut pas l'ascèse, l'analyse sociale et politique. Avant tout, Argentan est la ville où il est né, où il a grandi, où il vit. Ses racines plongent dans ce terreau normand auquel il est attaché, antipode à ses yeux du tropisme parisien. Depuis des années, il fait venir à la médiathèque de cette petite ville de province, sous-préfecture de l'Orne, des artistes connus dans le monde entier. En échange du livre qu'il leur consacre, ils offrent gratuitement leurs œuvres pour une exposition : Valerio Adami, Ernest Pignon-Ernest, Gérard Fromanger ou Willy Ronis se sont, entre autres, prêtés à cette pédagogie du goût, préhistoire de l'Université populaire. Rigueur et créativité, goût des autres et indépendance, simplicité et notoriété, travail et plaisir : l'UPG porte l'empreinte de son fondateur. Mais elle nous ressemble aussi, à nous ses acteurs, elle dessine la constellation de nos différences, de nos origines, de nos milieux, de nos compétences, de nos préférences. Elle joue sur la complémentarité de ceux qui y participent, du chef prestigieux qui parcourt le monde au précaire qui tente de survivre. De ce point de vue, beaucoup reste à faire. Un restaurant de réinsertion est en cours d'élaboration. Les écrivains, les philosophes, les artistes ont pris le relais des légumes. Mais ces nourritures intellectuelles que nous tentons de mettre à la portée de tous nous paraissent tout aussi primordiales. Elles se déclinent en mots, en musique, en images, en lectures, en plats gourmands inspirés par les auteurs... Un Alain Dutournier aux fourneaux interprète Colette, un Olivier Streiff donne un coup de jeune à la cuisine de Zola, un Thierry Marx invente un Nietzsche moléculaire ! Nous concoctons nos journées comme on élabore un menu, choisissant les invités, les thèmes, les œuvres, les saveurs.

Quand il fait beau, de petits groupes s'égaient, durant les pauses, dans les jardins potagers, on salue les choux et les tomates, on se parle. Les *Jardins dans la ville* nous rappellent d'où nous venons et – qui sait ? – où nous allons. À mi-chemin entre réel et utopie, solidement amarré à la terre normande mais ouvert sur le monde, le chapiteau de l'Université populaire du goût n'en a pas fini d'appareiller pour de nouvelles équipées...

Illustration de Séverine Assous

VALERIO ADAMI

Ce que je suis, Valerio le montre ; ce que Valerio montre, je le suis. Du moins : il dessine ce qu'il voit de moi, ce qui est un morceau de moi, un fragment de moi. Je vois bien mon visage, comme chez le boucher, sous la peau du bœuf, on distingue sur une affiche la macreuse, le paleron, la hampe... Des archipels pour un continent, des géographies pour une histoire, des volumes pour un esprit.

Portrait de Michel Onfray, mine de plomb, 2010.

GÉRARD FROMANGER

J'ai aimé découvrir ce portrait que Gérard Fromanger a souhaité faire quand il a vu, chez mes parents, une photo de mon frère et moi. Dans la carrière où il travaille à l'entretien du très gros matériel, mon « petit frère » était revêtu de sa cotte de travail, je le tenais par l'épaule, mais ma main était fermée, n'osant probablement pas s'abandonner… À cette époque, notre père vivait encore et, retenus par la pudeur héritée de lui, nous n'avions pas eu l'occasion de nous toucher vraiment. Depuis le jour funeste du départ de notre père, je sais que, dans autre photo, ma paume envelopperait l'âme de mon frère – puisque Spinoza nous l'apprend, l'âme, c'est ce qui enveloppe le corps.

Michel onfray et son frère, *Alain et Michel*, série « Splendeurs III », acrylique sur toile (60 X 73 CM), fait à Sienne, décembre 2010.

SLOW FOOD

Ou comment bien manger le plaisir
Interview de Jean Lhéritier

Avec *Le ventre des philosophes, La raison gourmande* et *Les formes du temps. Théorie du sauternes*,
il m'a été souvent donné de connaître grandes
tables et grands vins. Mais lorsque l'on m'a un jour
demandé quel était mon meilleur souvenir gastronomique, je n'ai pas hésité un seul instant : la fraise
goûtée quand j'étais enfant dans le jardin de mon
père.

Or j'ai depuis connu les mêmes sensations avec
un repas préparé par Carlo Petrini à Bra, près de
Turin, sa ville natale. Nous avons déjeuné avec des
produits sublimes – j'utilise le mot à dessein : des
nourritures qui scotchent par leur excellence, leur
goût qu'on croit connaître et que l'on découvre.
Pain, beurre, vin, viande, tout est élaboré au plus
près du lieu de consommation et de préparation
avec les méthodes de paysans contemporains de
Virgile... Slow Food, la création planétaire de Carlo
Petrini, incarne la résistance à la mondialisation
libérale : cet ancien gauchiste active un genre de
révolution proudhonienne avec des ateliers disséminés un peu partout dans le monde et dans lesquels

la révolution se fait ici et maintenant. Jean Lhéritier est en France le Cheval de Troie de cette belle révolution.

M. O.

Né en 1952, Jean Lhéritier est président de Slow Food France depuis 2003. Ce Catalan agrégé de sciences sociales, professeur d'économie et d'histoire économique, a créé le premier « convivium » Slow Food en 1997 à Perpignan. Passionné d'opéra, amoureux de l'Italie et de sa langue, Jean Lhéritier est aussi président de l'association Jardin École de Slow Food Roussillon et membre du comité de présidence de Slow Food International. Gastronome par nature, il est par ailleurs associé à un caviste (Le Comptoir des crus) et à un restaurant (Le Bistrot des crus), depuis leur création.

Pouvez-vous nous dire en quelques mots ce qu'est Slow Food ?

Slow Food est une sorte de météorite dans le monde associatif, par sa ressemblance avec beaucoup de choses : un groupe de pression, une organisation de promotion des produits agricoles, une association de consommateurs ou de gourmets. En réalité, il s'agit d'un mouvement apparu dans les années 1980 qui se préoccupe du thème de l'alimentation, de manière globale et transversale, et qui est donc amené à explorer un peu tous ces champs. Mais Slow Food n'est absolument pas une confrérie de gastronomes. Les gourmets y viennent parce qu'ils veulent un système alimentaire différent, parce que Slow Food a un projet de société bien précis. Par exemple : lutter pour qu'il y ait encore des agriculteurs et pas uniquement le plaisir dans l'acte de manger, ou encore se battre pour que ce que nous mangeons ne

soit pas complètement formaté. C'est là une volonté très forte depuis le début du mouvement.

Pourquoi et comment avez-vous adhéré à ce mouvement ?

J'y ai adhéré au moins pour deux raisons. La première est que dans les années 1980, j'avais envie d'apprendre l'italien. J'ai une passion pour l'opéra italien, et je souhaitais comprendre et maîtriser la langue. La seconde est que j'ai toujours été passionné par le vin. Il se trouve que Slow Food est né en Italie, autour du monde du vin. Pour des causes qui ont du sens. Le mouvement est né de gens qui considéraient le vin comme un produit alimentaire sur lequel il y a matière à expliquer et réfléchir, faisant partie d'un univers dans lequel le plaisir et la culture sont essentiels. Le vin n'est pas ce qu'on appelle – je déteste ce mot – un nutriment. À partir du moment où le vin a une dimension culturelle, une dimension de plaisir, se posent des questions : qu'est-ce que le plaisir ? Qu'est-ce qu'un produit alimentaire à dimension culturelle ? Qu'est-ce que le formatage et la standardisation ?

Il y a trente ans, quand Slow Food est né, c'est avec cette approche très particulière sur le vin. Lorsqu'en 1997 j'ai rencontré Carlo Petrini, le fondateur de Slow Food, j'étais moi-même dans ces dispositions, je portais un regard similaire sur le vin. Je trouvais le point de convergence de mon intérêt pour la culture italienne et pour le vin. Cela faisait des années que je passais mes vacances en Italie, j'ai adhéré sans hésiter à Slow Food, avec l'intention d'y faire valoir ce discours.

Slow Food, en s'intéressant à l'alimentation, touche à beaucoup d'autres domaines tels que l'agriculture, la transformation, la distribution, les notions de qualité, de territoire et d'identité, donc à la façon

de vivre des hommes. Peut-on alors parler d'une philosophie Slow Food ?

Il y a deux réponses à cela. Il y a celle qui consiste à se référer au « Manifeste pour le droit au plaisir », un texte qui dit que l'homme a finalement droit d'échapper à la *fast life* en menant une *slow life*. Beaucoup de nos congénères subissent le *fast food*, et quand je dis « subissent », c'est que beaucoup n'ont pas le choix, pour des raisons économiques, et c'est accablant. En 1989, quand Slow Food a commencé à vouloir être acteur de ce que doit être la société de demain, ce manifeste disait : attention, les dangers qui nous menacent sont avant tout liés à l'alimentation et à sa standardisation. Les aliments sont ce qu'il y a de plus proche de l'homme, ce qui va le plus à l'intérieur de son corps, et donc, à ce titre, Slow Food est une sensibilité sociale, voire citoyenne. Je pense qu'il faudrait que je sois moi-même philosophe pour qualifier cette sensibilité de philosophie. En revanche, je n'hésite pas à dire que c'est un projet de société, un projet pour l'humanité, qui s'inscrit dans l'action. Il y a aussi des philosophies participant à l'action, comme celle de Marx, qui ne se contentent pas de tenter d'expliquer le monde. Mais peut-on dire que Slow Food est une philosophie lorsqu'il s'agit de faire comprendre que ce n'est pas simplement une tendance ou juste quatre idées ? Je pense que c'est aux philosophes d'en décider.

Puisque Slow Food se veut interventionniste et pas seulement un lieu de réflexion, quelles sont les actions concrètes que vous menez ?

Très concrètement, Slow Food intervient afin que chacun puisse disposer d'outils de connaissance pour choisir les produits qu'il mange. Il s'agit de l'éducation au goût. Éduquer les petits avec les jardins écoles ou les adultes avec les ateliers du goût. Le consommateur ne fait pas simplement acte de jouissance, il fait aussi un acte responsable, en optant pour une certaine agriculture, pour certains comportements alimentaires, pour certains rites et rythmes sociaux, pour certains types de production. J'ai cité l'éducation au goût, mais il y a d'autres thèmes : la biodiversité en est un. Pour défendre les produits de qualité et la biodiversité, la France a inventé les appellations d'origine. Nous souhaitons défendre certains produits « orphelins », menacés de disparition, en faible capacité de se faire reconnaître, alors qu'ils sont porteurs d'identité, de goût, et qu'ils font vivre des paysans. Nous avons une action concrète sur la biodiversité, à l'échelle mondiale et nationale. Aujourd'hui, le mouvement est très implanté aux États-Unis ou en Allemagne. La dernière action concrète, que je dirais plus planétaire et plus militante, est de mettre en relation les communautés de producteurs et les acteurs du système alimentaire sur toute la planète. Alors que rien n'existe encore à ce niveau-là. Il y a des « forums sociaux » (comme Porto Alegre), mais qui ne se limitent pas à l'alimentation. Pour que les communautés de producteurs liées à l'agriculture et à la notion de territoire puissent se rencontrer, Slow Food a créé Terra Madre en 2004. C'est devenu un réseau. Nous travaillons au soutien des producteurs s'inscrivant dans une logique locale, parce que cette réalité-là, il faut la préserver aujourd'hui, elle est menacée partout.

Le goût n'est-il pas fondamentalement une question subjective amenant à des comportements et des sensibilités très différents ?

Heureusement qu'il y a de la diversité. Cette diversité, il faut la respecter. La presse s'est emparée d'un grand débat sur la possibilité de manger des insectes, à l'image de certains peuples. L'alimentation et les goûts sont culturels. Il ne faut pas le redécouvrir chaque fois, c'est une réalité. En revanche, cette espèce d'empathie entre l'individu faisant partie d'une société et les aliments est quelque chose d'essentiel à l'homme, qu'il faut préserver au maximum, qu'il ne faut pas laisser détruire par l'industrie agro-alimentaire et la grande distribution, par ce grand formatage lié à la mondialisation.

Vous intéressant à l'alimentation et au plaisir qu'elle doit procurer, vous êtes donc amené à réfléchir et à agir sur d'autres domaines comme l'industrialisation, l'économie, le marché. Slow Food porte donc aussi un regard critique sur bien des activités humaines.

J'ai eu l'occasion de parler de Slow Food avec Edgard, et il a trouvé une formule lucide : « Ce qui m'a séduit dans ce mouvement, c'est que parti d'une reconquête d'un temps normal, d'un temps humain pour manger, de commensabilité et de convivialité, on a fini par poser le problème de l'alimentation, des agricultures, et par comprendre que c'est un enjeu pour sauver la planète. »

Quand on se dit qu'il faut de bons produits, on pense à des aliments produits par des paysans. De fil en aiguille, on réalise donc qu'il faut des paysans, donc une agriculture, donc du local et de la tradition, avec les réalités humaines qui s'y associent. Dans sa manière de vouloir changer le monde, Slow Food n'est pas une structure altermondialiste. On y adhère en se disant que c'est mieux d'avoir une bonne alimentation, et pas nécessairement, au départ, pour remettre en cause les OGM. Cependant on y vient, au bout du compte : quand on est opposé à l'industrialisation des agricultures du monde et au brevetage du vivant, comment ne pas être opposé aux OGM ? Comme d'autres, nous militons pour refuser certaines formes d'alimentation, d'agriculture et d'organisation sociale. Mais Slow Food est surtout le défenseur du plaisir, et c'est le plaisir qui est le déclencheur d'autres réflexions plus profondes.

Slow food peut-il se reconnaître dans la proposition philosophique de Michel Onfray exprimée dans le *Manifeste hédoniste* ?

Pour moi, la position de Michel Onfray est assez représentative de Slow Food. Je connais bien maintenant les adhérents de notre mouvement, ils ont à peu près les mêmes convictions, avec des différences fort heureusement, puisque nous rejetons le formatage et la standardisation. Mais globalement, ils pensent que nous devons préserver des plaisirs sains qui sont des formes d'épanouissement. Nous vivons dans une société qui donne l'impression, l'illusion, que l'épanouissement est partout. Alors qu'en réalité, il y a beaucoup plus d'oppressions et de souffrances. Et dans l'alimentation comme ailleurs. Bien sûr, on peut se dire : « On va recevoir des amis samedi soir et on va se faire une bonne bouffe ! » N'est-ce pas une espèce de réduction de ce que sont le plaisir et l'émancipation ? Ne va-t-on consacrer qu'un jour par semaine à créer du partage et du plaisir, à faire le marché, à acheter des produits locaux, à cuisiner ? Le plaisir de s'alimenter, ce n'est pas ça ! Jusqu'au XIXᵉ siècle, l'homme mangeait quand il pouvait, ce qu'il pouvait, mais il avait quand même du choix, limité certes. Aujourd'hui, il a une illusion de choix. Parce qu'il y a une abondance parfois factice, parce que les industriels imaginent pour nous ce que notre corps reconnaît mal : tous ces produits dont le goût est exhausté, aromatisé, artificiel, supposé donner du relief à ce qu'on mange. Nous sommes cernés par les manipulations, sans que nous nous en rendions compte. Mais il ne faut pas diaboliser, il y a des gens qui sont payés pour faire ça, c'est du marketing. Simplement, l'alimentation est un acte premier, celui sur lequel il faut résister, afin de donner du sens à la vie et au plaisir.

L'hédonisme est justement un discours qui rejette tout ce qui est mortification. Chaque fois que l'homme peut se faire plaisir sans nuire aux autres, il ne doit y avoir aucune idéologie qui puisse l'interdire. L'hédonisme comme courant de pensée est souvent défini de manière réductrice et marginale, c'est d'ailleurs le propos de Michel Onfray de lui donner une dignité philosophique. Slow Food rejette l'ascétisme alimentaire. Je pense qu'il faut prendre du plaisir en respectant les autres. Ce respect, nous le devons aux paysans, aux cuisiniers, à tous ceux qui sont à l'origine de notre plaisir. C'est notre approche de l'hédonisme.

Et puis il y a quelque chose que j'apprécie en lisant les travaux d'Onfray, c'est cette idée d'un parallèle entre l'érotisme et l'hédonisme gastronomique. Là, il y a matière à réfléchir. Dans l'érotisme comme dans la gastronomie, la société et ses idéologies ont cherché à brider les plaisirs de l'homme, les victimes de ces contraintes étant toujours les moins puissants. Aujourd'hui, il faut réapprendre le plaisir alimentaire. Je rejoins l'analyse que fait Michel Onfray de l'érotisme. Il dit qu'il y a des civilisations et des cultures d'un plaisir érotique non corseté (si je puis dire !). Le *Kama Sutra* est un mode d'emploi de ce plaisir. Je souscris à l'idée qui consiste à dire : « Tout ce que tu peux trouver qui t'épanouit, prends-le ! » Ceux qui adhèrent à Slow Food, souvent, implicitement, sans avoir lu Michel Onfray, savent quel plaisir peut donner une volaille bio ayant passé 240 jours en plein air, quelle jouissance offre le croquant d'un légume cueilli au petit matin. Pour reprendre les termes de Michel Onfray, les plaisirs de la table sont des plaisirs solaires, il faut les cultiver. C'est en cela que sa réflexion ouvre des perspectives. Pour moi, en tant que membre de Slow Food, et en tant qu'individu, il n'y a pas à se culpabiliser lorsqu'on cherche le plaisir, si l'homme y trouve pleinement son sens.

Quels sont les points de désaccord, s'il y en a, avec la position de Michel Onfray sur ce sujet ?

Toute l'analyse qu'il fait de l'hédonisme s'articule sur la nécessité d'un monde libertaire. J'ai tendance à penser qu'il faut des autorités – même si à vingt ans, je n'aurais jamais tenu un tel propos –, des gens en responsabilité, ayant des capacités publiques à favoriser certains volontarismes. Pour que de petits paysans continuent d'exister, on a besoin des collectivités territoriales, de l'Europe et des États. C'est peut-être naïf, mais je pense que c'est aussi naïf de croire qu'on peut assez rapidement aller vers un monde meilleur en s'appuyant sur des bases libertaires. Cela pose la question du « possible » dans la transformation du monde. Sur l'hédonisme et le plaisir, je suis tout à fait en phase avec Michel Onfray. Les plaisirs de la table sont comme les plaisirs du lit et jouent un rôle essentiel dans notre vie. Il n'y a pas d'aspérités dans son propos qui permettent de dire qu'on n'est pas d'accord. C'est un discours puissant, qui a du souffle. Mais étant un homme d'action, si je veux changer le monde...

Cela veut-il dire que Slow Food porte aussi des utopies ?

Bien sûr. C'est par l'utopie qu'on fait bouger le monde. Cependant, il faut être prudent. Si l'utopie c'est faire table rase, on risque d'aller dans le mur. Si l'utopie conduit à essayer d'essaimer des idées et des initiatives, qui sont déjà en germe, qui ne cherchent pas à dominer d'autres initiatives, qui simplement se développent, alors oui. C'est le cas des associations pour le maintien d'une agriculture paysanne (Amap), qui sont de nouvelles façons de fonctionner en réseau, localement. Je suis convaincu qu'il faut consommer du local et maintenir des agriculteurs. On change le monde, on a la possibilité de le changer. C'est une utopie « raisonnable », un travail sur le concret et non sur de la pensée pure.

Slow Food peut donc s'inscrire dans la pensée hédoniste ?

Oui. Ayant pour texte fondateur le « Manifeste pour le droit au plaisir », Slow Food est un mouvement que l'on peut qualifier d'hédoniste. Il est vrai que nous n'avons pas jusqu'à maintenant apporté une caution philosophique à notre action. Nous sommes un peu comme monsieur Jourdain, nous faisons de l'hédonisme sans le savoir. Il est important de dire que Slow Food n'est pas une tendance. Lorsque j'entends les marketeurs et les journalistes qui nous sollicitent en disant « le » Slow Food, j'ai tout de suite les poils qui se hérissent. « Le » Slow Food sous-entend qu'il s'agit d'une tendance. Et en réalité, non ! Ce sont des hommes et des femmes qui luttent pour un lendemain différent. Une tendance, c'est ce qui est visible, en surface. Pour changer de société, il faut une ambition et des projets dont le sens soit profond et non superficiel. Il ne s'agit pas d'une mode. L'alimentation est fondamentale pour la vie. Michel Onfray cite Nietzsche : « Le mouvement de la vie qui veut la vie ». C'est la vie qui ne veut pas la mort, comment ne pas être d'accord ? Slow Food est un mouvement pour la vie.

Que pensez-vous de l'Université populaire du goût mise en place à Argentan par Michel Onfray ?

C'est formidable, nous nous sentons proches de cette initiative. Michel Onfray a compris que ce qu'il engageait de manière individuelle, d'autres le faisaient au sein d'un mouvement social depuis pas mal de temps. En France, parler de gastronomie sans parler de populaire, c'est s'enfermer dans un discours passéiste. La France a été trop porteuse du discours gastronomique. J'ai parfois l'impression que le mot « gastronomique » est gênant, il faut le redéfinir.

Slow Food a aussi une université dédiée au goût. Au sein de cette université, nous essayons d'apporter de la noblesse et du sens à la gastronomie, un plaisir auquel chacun a droit. Pour mieux manger, il faut avoir un savoir scientifique, il faut pouvoir développer des analyses sensorielles, il faut de la chimie pour comprendre comment sont faits les aliments, et de l'agroécologie bien entendu. Michel Onfray, en parlant du goût, s'intéresse à un pan de toute la chaîne alimentaire, mais en amont, il y a un enjeu majeur pour que les paysans continuent de produire des saveurs, du patrimoine et de la réalité économique. Lui, l'universitaire, crée une université populaire du goût et martèle que chacun a droit au plaisir du goût. On ne peut pas lui reprocher de ne pas avoir centré son initiative sur la revalorisation de l'agriculture, des particularités alimentaires locales.

Par ailleurs, le droit au plaisir est aussi important que le droit à la santé ou au travail. C'est une dimension du bonheur et de l'émancipation de l'homme. Aujourd'hui, de manière diffuse, il est admis que le droit à la santé est un droit pour tous. Aucun homme politique, aucun décideur ne peut dire : « La santé, c'est pour celui qui peut se la payer. » Eh bien, je pense que le droit au plaisir alimentaire doit être une étape similaire dans l'émancipation de l'homme. Là aussi je peux rejoindre l'hédonisme, car il y a une dimension philosophique. Quand Marx parlait du droit au travail, c'était le philosophe qui s'exprimait, pour une revendication fondamentale de l'être humain. Au même titre, le droit au plaisir alimentaire n'est pas un simple complément à la vie, une espèce de repli parce qu'on n'arrive pas à être heureux, il s'agit d'un droit à part entière que revendique Slow Food.

ENTRETIEN RÉALISÉ PAR JEAN-MICHEL COLLET
Illustration de Pierre Mornet

ERNEST PIGNON-ERNEST

Portraits

Lorsque je regarde la couverture du *Manifeste* qui me représente aujourd'hui et le dessin effectué par Ernest à partir d'une photo de moi âgé d'une dizaine d'années, je mesure le trajet parcouru. Plus de cinquante livres plus tard, j'appréhende mon regard d'hier avec mon œil d'aujourd'hui : reste-t-il dans ma pupille cette flamme qui s'y trouvait et avec laquelle je brûlais alors le monde d'un feu triste et noir ? C'était le temps de l'abandon et de l'orphelinat, des prêtres pédophiles et de leurs méchancetés ordinaires, des révoltes secrètes et des promesses faites à soi-même, au cas où l'on aurait à vieillir un jour, mais aussi, et surtout, le temps des livres dont je découvrais les formidables pouvoirs...

M. O.

1

Dessin (pour Michel),
crayon, décembre 2010

Ernest y voit ce qu'il faut voir, il est mon œil bien mieux que je ne le pourrais. Normal, c'est son génie... Un pavé dans la main droite (pour viser et détruire la droite ?), un livre dans la main gauche (pour penser et construire la gauche ?), un pavé comme un livre, un livre comme un pavé. Pas pour l'épaisseur, mais pour la destination : les vitrines des prêts-à-penser éthiques, politiques, religieux, philosophiques, ce qui, pour moi, constitue l'horizon du *libertaire*.

2

Blanqui l'insoumis,
dessin pierre noire, décembre 2010

D'où ce renvoi en miroir à Blanqui dont j'aime la droiture, la rigueur, l'inflexibilité, la détermination inentamée plus que le corpus insurrectionnel, légitime en son temps, désuet aujourd'hui. Je songe à demander à Ernest un portrait de Proudhon qu'un Courbet a lui aussi figuré avec des livres qui sont autant de pavés... Car je crois plus à sa révolution pragmatique, sans violence, à coup de coopérations, de mutualisations, de fédéralisations, en un mot *d'actions*, qu'aux invocations apocalyptiques et pour tout direreligieuses de révolutionnaires marqués au fer rougede l'idéalisme allemand et du ressentiment qui les gouverne trop souvent.

J'AIME
que vous ayez
affirmé
la nécessité
de METTRE
en conformité
ce que l'on
propose
et les moyens
d'y parvenir

"Michel onfray"
"Quarante-trois
candidats pour
BLANQUI"
Politique du Rebelle

ERNEST

3

Dessin à la pierre noire collé sur la porte du Théâtre équestre Zingaro, mars 2010

Bartabas, c'est mon jardin secret – du moins-celui de ma compagne depuis 1977. Bartabas est le contre-philosophe idéal, celui qui, en nietzschéen, rit de la philosophie, ce qui est la meilleure façon d'être philosophe, car il sait qu'il y a plus de philosophie dans l'art de sculpter le temps musculaire d'un cheval que dans tous les traités de métaphysique.Les après-spectacles à sa table restreinte nous distraient de nos peines– il sait lesquelles, et je l'en remercie…
M. O.

JEAN-PAUL ENTHOVEN

Mon antipode

Il faut un recto à la feuille, sinon le verso n'a pas de sens. Il faut un avers à la pièce, sinon le revers n'a pas de sens. Il faut une nuit au jour, et vice versa, sinon, etc. Jean-Paul Enthoven fut d'abord mon éditeur avant de devenir pour moi il y a longtemps un personnage de roman qui met tout son génie et toute son imagination dans sa vie. Il parle comme un livre, il vit un livre, il écrit des livres qui sont sa vie, il ne vit que de livres, lui-même est un héros balzacien ou, mieux, un personnage de *Belle du Seigneur*. Son désespoir est sans fond, je crois, car il connaît vraiment l'âme humaine : il en tire de justes conséquences. Pour ma part, partant de semblables conclusions, je veux croire à l'exception qui infirme la règle. Nous sommes donc l'un pour l'autre un spectacle : celui de ce que nous pourrions être l'un et l'autre si l'idiosyncrasie en avait décidé autrement...

M. O.

1 – Dès notre première rencontre, voici déjà si longtemps, j'ai eu l'intuition que le hasard me proposait, à travers Michel, d'aller au-devant de mon exact contraire. Nous différions, il est vrai, en tout : lectures, vêtements, réflexes, *habitus*, montures de lunettes, alimentation,

sociabilité, réseaux, amours. N'était un Capricorne zodiacal en commun, nous ne partagions à peu près rien, sinon la sympathie qui, d'emblée, circula naturellement entre nous. À l'époque, j'étais plutôt las de ne recruter mes amis que dans la seule zone narcissique de qui me ressemblait, et cette excursion au pays dangereux de l'altérité me tentait. J'étais alors avide d'expérimenter, aux dépens de mon idiosyncrasie bien-aimée, l'aphorisme du moraliste selon lequel « les êtres sont parfois aussi distincts d'eux-mêmes que des autres ». Et j'étais impatient d'établir des relations diplomatiques avec l'antimatière qui m'habite en secret. Aucune haine de soi dans cette impulsion. Mais de la curiosité. Et la hâte de visiter mon antipode. Imagine-t-on le noir qui, soudain, se passionne pour le blanc ? Paris qui se contemple dans la province ? L'agitation qui s'éprend de la sérénité ? Philinte s'improvisant Alceste ? En tout cas, tel fut bien le scénario de notre affaire.

2 – Ce jour-là, Michel m'avait, en vrac, tout raconté : l'enfance, l'infarctus, la mère, le père, le pensionnat de Giel, ses collègues déjà houellebecquiens, le nietzschéisme de Palante, son intention de théoriser l'hédonisme afin de se procurer, par concepts interposés, cette intimité avec le plaisir qui lui avait été jusque-là refusée par la vie. C'était un beau programme dont j'étais pourtant l'opposé puisque, l'existence m'ayant fourni tout ce que je n'avais pas eu le temps de désirer, je me réservais pour des aventures cérébrales plus mélancoliques. Paradoxe : Un Alceste *relooké* par Jules Vallès voulait se lancer dans « L'Art de jouir » tandis qu'un Philinte, repu et cossu, trouvait, lui, plus élégant de barboter dans le *bonheur d'être triste*.

3 – Si je l'ai vu en misanthrope, c'est sans doute parce qu'il m'imposa, dès l'abord, sa loyauté exigeante, sa volonté de pureté, son tempérament abrupt et prompt à dire ce qu'il en est à quiconque viendrait à lui manquer. Il voyait mon univers comme un cloaque de

rumeurs et d'intrigues alors que, petit marquis, je m'y amusais bien. Il y avait, chez lui, un refus farouche du compromis qui, à l'inverse, me semblait n'être qu'une forme de politesse utile. Il repérait même un début de barbarie là où, avec mon cuir tanné, je ne percevais que des vertus civilisatrices. Dans les idées ou les mœurs, chez chaque individu, il dénonçait l'artifice quand j'en faisais un rempart efficace contre l'état de nature qui escorte souvent le désir d'authenticité. Qui avait raison ? Qui avait tort ?

4 – Étrangement, je le sentis, lui aussi, attentif à l'antipode que j'incarnais à ses yeux. Il admit, chez moi, des façons d'être qui l'exaspéraient chez d'autres. Il me pardonna ma coquetterie, mes manières rouées, mon habileté un peu vaine. Je le découvrais indulgent pour ceux de mes amis, fort nombreux, qu'il n'aimait pas. Et prévenant à l'endroit d'idées qu'il avait exclues de sa vision du monde – dès lors qu'elles étaient exprimées par le nouveau complice qu'il s'était choisi. Michel, à l'évidence, n'était pas fâché de faire, lui aussi, un peu de tourisme sur une rive qui n'était pas la sienne. Cette symétrie sentimentale nous a valu des moments intenses. L'amitié, dans ses instants de grâce, a toujours ce goût-là. Parce que c'était lui ? Parce que c'était moi ?

5 – « Bien sûr, nous eûmes des orages », comme dit la chanson. Mais il ne s'agissait, chaque fois, que d'orages secondaires, et qui ne mordaient jamais sur l'essentiel. À cet égard, Michel – qui se juche volontiers sur ses quartiers de pauvreté – me fait souvent penser aux aristocrates qui se juchent sur leurs quartiers de noblesse. Il est fier de son lignage souffrant comme d'autres le sont de leur lignage glorieux. Et cette manière de s'inscrire dans le destin me déconcerte tant je tiens pour négligeables les bienfaits ou les malheurs qui germent, telles des moisissures, sur mon arbre généalogique. Michel se veut comptable de ce qui le précède alors que je me fais un devoir de n'en tenir aucun

compte. Il veut appartenir à une histoire qui se poursuit quand je me vis comme un commencement – ou, mieux, comme un épilogue. Cette différence, d'ordre topologique et existentiel, aurait pu nous ravager. Il se trouve, pourtant, qu'elle nous a respectivement instruits. À travers lui, j'ai trouvé du charme à la lutte des classes. À travers moi, il a peut-être compris que, quoiqu'il advienne, nous étions toujours seuls au monde.

6 – C'est Henry James qui, dans *Les dépouilles de Poynton*, propose une distinction radicale entre les « *once born* » et les « *many times born* ». Aux premiers, reviendrait de droit une métaphysique de la filiation, de la fidélité, de la souche, de l'identité culturelle ou sociale. Aux seconds, la passion de renaître, de se réinventer, de s'improviser, voire de trahir par sagesse le passé dont ils se sont affranchis. Michel, pour le meilleur et pour le pire, ne naquit qu'une seule fois, en Normandie, dans une famille rugueuse, courageuse, et intransigeante avec ses valeurs. Est-il besoin de préciser que je ne suis à l'aise que dans des origines multiples et aléatoires ? Que rien ne m'amuse davantage que de renaître déguisé, et le plus souvent possible ? Michel me fait penser à un étang inscrit depuis toujours dans son paysage. Me voit-il comme un estuaire où convergent des fleuves sans mémoire ? Je change souvent d'opinion. Les siennes sont immuables. Ces deux énergies, une fois mises en présence, auraient pu provoquer des courts-circuits. On aurait même pu trouver, dans leur antagonisme esthétique ou moral, la matrice d'innombrables combats mortels. Mais rien de tel n'advint entre nous. Serait-ce parce que chacun, en la circonstance, eut toujours la nostalgie de ce qui constituait l'autre ?

7 – La politique – ou ce qu'il en reste – fut le lieu de projection privilégié de ces ADN contrastés : à lui l'indignation libertaire, la colère juste, la dénonciation du malheur, l'apologie des faibles et des humiliés, le scandale de l'inégalité, la certitude que tout cela peut et doit

changer. À moi la mesure, la prudence, le pessimisme, la tendance (absurde ?) à se persuader que deux plus deux font nécessairement quatre. Il se sert de Camus (que j'aime). Je me renseigne auprès de Benjamin Constant (qu'il ne déteste pas). On pourrait également dire que Philinte et Alceste rejouèrent, par nos truchements, la vieille pièce dont les rôles titres appartiennent à Voltaire et à Jean-Jacques. Ici, on a toujours raison de se révolter. Là, on n'ignore pas que les révolutions, par fatalité, tournent mal. L'Europe, Besancenot, le libéralisme, l'euro, Mélenchon, les délocalisations, l'économie de marché, furent ainsi nos terrains de querelles favoris. À son contact, j'ai appris que les convictions ne sont que l'écume d'une physiologie. Mais, dans la mesure où ce constat reste nietzschéen, notre complicité s'en arrangea au mieux.

8 – Le plus singulier : cet hédoniste vit comme un moine. Cet athée a le goût de l'absolu. Ce matérialiste argumenté croit à l'idéal. Ce non-freudien est souvent dupé par ses propres actes manqués. Ce nietzschéen est compatissant. Cet anti-platonicien chérit sa caverne. Ce théoricien de l'érotique libertine voue un véritable culte à la fidélité amoureuse. Ce gastrosophe est janséniste. À croire que, chez Michel, chaque certitude se ménage une réserve de certitudes inverses. Cette disposition mentale a-t-elle facilité, entre lui et moi, l'alliance de ce que nous sommes ? Tout l'indique.

9 – Notre grand jeu : partager le monde, et ceux qui le peuplent, en *biophiles* et en *thanatophiles*. Aux uns, l'amour de la vie. Aux autres, les passions tristes. Cela ne signifie pas, bien sûr, que les premiers seraient toujours gais tandis que les seconds seraient à jamais torves mais, globalement, cette grille de lecture des comédies humaines ne manque pas de pertinence. Toujours est-il que c'est avec ce logiciel que Michel et moi évaluons régulièrement nos entourages : X est *thanatophile* parce qu'il défait ses affections, jalouse son voisin, sacrifie à la

vanité, cancérise ses sentiments, et se tire par plaisir des balles dans le pied ; Y est *biophile* parce qu'il pardonne, embellit, aime, s'enthousiasme. Un jour, Michel a décrété que j'étais tombé du mauvais côté de ce partage ontologique alors que, par riposte anticipée, j'allais lui infliger le même diagnostic. Ce fut une sale journée. Et personne ne sut qui, ce jour-là, avait le plus envie de se tromper.

10 – Ce que je redoute chez lui : son intransigeance ; sa raideur quand il est malheureux ; son obstination à douter de l'amour qu'on lui porte ; son affinité avec la solitude ; son antipathie pour les romans ; le peu d'égards qu'il témoigne à sa santé ; son refus, trop fréquent, de faire la part des choses et des petitesses humaines.

11 – Ce que j'aime en lui : sa sensibilité de fleur-bleue ; son étonnement quand il s'avise qu'on l'admire ; sa volonté de vérité ; sa puissance de travail ; son talent d'écrivain ; sa gratitude sans faille pour qui, ne fût-ce qu'une seule fois, l'a aidé à traverser une épreuve.

12 – Michel écrit beaucoup. Sans cesse. Un seul *long distance flight* lui suffit pour bâtir un manuscrit solide. Il peut concevoir une histoire de l'Antiquité en un week-end. Rédiger douze articles et trois conférences dans le Paris-Argentan. Cette frénésie, toujours renouvelée, m'intrigue et m'inquiète : devrais-je l'indexer sur le pressentiment d'une malédiction ? Sur cet infarctus qui, lui rendant une visite trop précoce, l'a convaincu qu'il n'y avait pas de temps à perdre ? Serait-ce, une fois encore, le syndrome Mozart-Radiguet – tout accomplir, sans tarder, puisque la mort guette – qui hante mon ami ? Je rêve du jour où ce forçat n'entreprendra rien. Où il se contentera de flâner au fil d'heures vides. Où il apprendra à regarder le monde tel qu'il est, imparfait et beau, en négligeant la forge dans laquelle il veut l'améliorer. Ce jour-là, Michel sera réconcilié avec lui-même. Avec sa mère. Avec Paris. Avec la vie. Mais sera-t-il encore celui qu'il est ?

INGRID ASTIER

Jamais sans mon corps
Éloge de l'appétit

Normalienne, agrégée, docteur ès lettres, spécialiste de Cioran, Ingrid Astier avait tout pour faire de l'hédonisme une victime émissaire ! Or il n'en est rien, bien au contraire... J'aime qu'un être dispose de plusieurs cordes à son arc et il me plaît qu'Ingrid Astier, excellente dans l'art d'écrire sur la cuisine, la gastronomie, l'œnologie, les cinq sens, la volupté, la sensualité, soit également excellente sur le terrain du roman policier avec ses crimes, ses armes à feu, sa violence, son sang répandu, sa police, ses enquêtes, etc. Un peu comme si, recto et verso d'une même feuille, elle réunissait en un même monde la féminité gastrosophique, pour utiliser le mot de Fourier, et la masculinité du Quai des Orfèvres. On a juste envie de goûter sa cuisine – puisqu'elle excelle aussi, me dit-on, aux fourneaux !

M. O.

« *Le corps est la matrice dans laquelle se font les perspectives et les visions du monde, il est donc le lieu du monde, le monde lui-même.* »

Michel Onfray, La raison gourmande.

La pensée à bonne auberge

L'hédonisme, en cherchant à réconcilier la philosophie et le corps, offre un visage humain. Nulle antichambre où l'esprit se retirerait pour proclamer la suprématie des essences, tels des puissants qui discuteraient de l'avenir du globe, déconnectés de son pouls. L'hédonisme ne bâtit pas un monde en dehors du monde, mais s'enracine dans la chair de la pensée. La philosophie ressemble parfois à une chasse aux papillons, là où l'hédonisme propose une prise directe. Nietzsche avait ouvert la voie, en réhabilitant une pensée organique : « Nous ne sommes pas libres, nous autres philosophes, de séparer le corps de l'âme, comme fait le peuple, et nous sommes moins libres encore de séparer l'âme de l'esprit. » Et de poursuivre : « Nous ne sommes pas des grenouilles pensantes, nous ne sommes pas des appareils objectifs et enregistreurs avec des entrailles en réfrigération[1]. » Éloge de la pensée subjective, que poursuivra Cioran en forgeant des « vérités de tempérament », contre l'anesthésie des vérités générales. Des vérités fébriles, où « l'on perçoit un moi derrière chacune d'elles[1] ». Cioran ira jusqu'à se déclarer « antiphilosophe », parce qu'il « abhorre toute idée indifférente[2] ». Avec la philosophie hédoniste s'achève l'ère des purs esprits, nourris aux concepts de pommes de terre.

Terra incognita et zone franche

Si l'on définit volontiers l'hédonisme comme une « doctrine qui prend pour principe moral la recherche du plaisir », tout se complique lorsque l'on essaie de s'accorder sur les mots... Tentative que la formule d'Henri Wetzel résume avec acuité : « Le plaisir, cet impensable[3] ». Où les beaux édifices s'écroulent, faute de fondations. Sans fronde, j'avance que l'hédonisme est, pourtant, ce que l'on a inventé de plus raisonnable

pour penser l'homme. Avec cette notion, on parle d'un homme vivant, orthonormé, non d'une marionnette ou d'un être de laboratoire, soumis à la loupe de l'analyse. La lecture de Michel Onfray m'a toujours confortée dans cette assise du corps. Je crois au corps, à son langage franc, par le biais du désir et des pulsions. Le sensualisme a sa rectitude.

Face aux sables mouvants de la vérité, à la statuaire pompeuse des illusions, le corps veut, le corps réclame, le corps exige. Il décrète le souverain bon. Bien souvent, le corps précède le langage et sa formulation. Que l'on songe aux joues empourprées qui annoncent l'aveu ou au tombé des paupières – rien de plus franc que le sommeil. Toutefois, il importe de distinguer plaisir et bonheur : l'art de vivre ne rejoint pas toujours celui d'être heureux. Ils peuvent se confondre par accident, non par essence. « Nous jugeons qu'une chose est bonne parce que nous nous efforçons vers elle, la voulons, appétons et désirons », remarque Spinoza dans *l'Éthique*, non parce qu'elle est bonne en soi. Contre l'embrigadement judéo-chrétien, l'art de vivre penche du côté de la dépense : être présent au monde, par le regard et la participation, s'investir, ne redouter ni la consommation ni la jouissance, s'ouvrir à l'autre pour laisser une part de soi.

Contre le plaisir en friche

On se situe dès lors par-delà la morale d'Épicure, qui conseillait la tempérance : « Nous regardons la modération comme un grand bien : non pour nous faire une règle de nous contenter de peu ; mais afin que nous puissions nous y borner quand nous n'aurons rien de plus ; parce que nous sommes persuadés qu'on jouit d'autant mieux de l'abondance qu'on a le secret de s'en passer, et que nous savons d'ailleurs que le plaisir de la nature est à portée de tous les hommes, et que celui de fantaisie est de difficile accès. Les mets les plus communs nous procurent autant de plaisir que les viandes les plus succulentes, quand ils nous délivrent de la douleur attachée au besoin. Le simple pain, l'eau simple, font des mets délicieux pour quiconque attend le moment de l'appétit[4]. » Mais le délicieux n'est pas le voluptueux. La volupté ne va pas sans érotisation, elle affectionne le jeu, la mise en scène auxquels la relie au pluriel son étymologie (*voluptas*).

Sans culture des sens, sans esthétisation du plaisir, nul hédonisme. Fragonard, avec *Les Hasards heureux de l'escarpolette*, signe la prégnance du fantasme sur le plaisir, sa victoire sur la simple copulation. Luxuriance de la végétation, de la floraison, des tissus au rose vaporeux, nudité de la cuisse entrevue au gré du balancement, schéma du voyeurisme, envolée de l'escarpin... Cette scénarisation du plaisir apporte, contre la satisfaction immédiate du besoin, un avant, un après et, c'est là l'essentiel, une rémanence. De même, Russ Meyer aura donné aux seins valeur de mythe et l'érotisme de la femme nue sous une fourrure aura gagné en profondeur avec le film de Maartje Seyferth et Victor E. Nieuwenhuijs, *Venus in furs*.

Pour en finir avec l'étique

> « À celui qui prétendait que vivre est un mal, Diogène répliqua : "Non pas vivre, mais mal vivre." »
>
> *Les Cyniques grecs*[5]

Notre époque n'est pas sans spectre : l'hédonisme combat le rachitisme des sentiments, l'avarice des gestes et l'étiolement des appétits. Encouragée par la peur, rôde la tendance des plaisirs minuscules, que Chuck Palahniuk stigmatise dans *Fight Club* : « Où que j'aille, c'est petite vie, vie minuscule. Je vais à l'hôtel, savon minuscule, shampooings minuscules, carrés de beurre pour un, lotion dentifrice minuscule, brosse à dents à usage unique. Vous vous pliez au creux d'un siège d'avion standard [...]. Le dîner arrive, petit set de service poulet Cordon Bleu à monter soi-même[6]. » Contre le rationnement du plaisir et le désir pusillanime, l'hédonisme encourage l'expansion, le baroque, l'exigence et l'audace. Dans cette écoute de soi, des autres et du monde, on est loin de l'élitisme. Et si l'hédonisme tournait autour de cet axe majeur, familier de l'éthique : le respect ?

Car il y a urgence à faire usage de son corps. L'hédonisme serait caduc sans la conception que sur cette terre, seule la mort est certaine. On se souvient de l'invitation de Michel Onfray à « abandonner nos vies » à « l'ange hédoniste », « de sorte que Thanatos, quand il triomphera, n'ait à ranger dans sa besace qu'un corps qui aura brûlé jusqu'aux derniers feux[7]. » Éloge de la consumation, qui est consommation éclairée, exploration du plaisir en conscience, loin du gaspillage et de l'éparpillement. On est proche de l'enseignement des cyniques, telle la lettre de Diogène à Agésilas, dont on retiendra la conclusion : « La vie est pour moi chose tellement incertaine que je ne suis pas assuré de la conserver le temps de t'écrire cette lettre ; pour elle, une besace contient assez de provisions, tandis que les vues de ceux qu'on regarde comme les dieux sont trop vastes pour les hommes. En revanche, la seule chose que je tienne pour certaine, c'est la destruction après la génération. Sachant cela, pour ma part, je chasse en soufflant dessus les vains espoirs qui voltigent autour d'un misérable corps, et, pour toi, je t'invite à ne pas faire de projets qui outrepassent l'homme[8]. » La pensée hédoniste, en une parfaite circularité qui reflète son sens de l'harmonie, part de l'homme pour retourner à l'homme.

L'art des mets

« Il est des jours où l'absence d'ogre se fait cruellement sentir. »

Alphonse Allais

Dans l'épilogue qui clôture *La raison gourmande*, intitulé « Pour une philosophie élargie au corps », Michel Onfray proposait de surprendre l'« ange hédoniste »... dans les cuisines. Il est vrai qu'à table, le corps est roi. L'hédonisme y offre une philosophie sur mesure, qui épouse parfaitement le corps et ses désirs. Libres des systèmes, les mets se succèdent comme des propositions, avec l'indépendance des microcosmes. Le sucré séduit, le salé appelle, l'amer se conquiert, l'acide se dompte. Là, le corps sensuel est réhabilité, la pensée menue bannie, les plaisirs minuscules honnis. L'impératif de surveillance, coutumier d'une société sous contrôle, perd toute validité face à l'ouverture au possible. Le jouisseur est le délié, il doit avoir la souplesse de l'expérience. Ainsi chez Alain Passard, chef triplement étoilé de *L'Arpège*, qui sert des topinambours au chocolat Araguani, rencontre de la terre et de l'amer, ou s'inspire de la tarte Tatin pour rebondir, versant salé, sur une Tatin de navets caramélisés. Liberté du geste qui marie l'oignon rouge et les framboises, par la technique associative « du bouquet » chère à Passard, où le cuisinier dresse des affinités électives par parentés chromatiques. Le rouge appelle le rouge – voici la nymphe Écho, conviée en cuisine... Ici la curiosité est politesse rendue au réel. L'assiette et l'assise se rejoignent : avoir du corps, c'est s'inscrire dans le monde.

Un passage d'*À rebours* témoigne de cette merveilleuse disponibilité du mangeur, de sa propension à s'ouvrir à la variété, à jouir du possible, de son extrême souplesse à glisser de saveur en saveur : « Sa faim se comblait ; il chipota un bout de fromage bleu de Stilton dont la douceur s'imprégnait d'amertume, picora une tarte à la rhubarbe, et, pour varier, étancha sa soif avec le *porter*, cette bière noire qui sent le jus de réglisse dépouillé de sucre[9]. » On retrouverait dans l'art cette propension à proposer du sens sans asservir, à combler sans endoctriner. L'art n'est-il pas le moyen de proposer l'éternité à l'échelle du périssable ?

Contre le consensuel, se dresse le corps sensuel, avide de chemins de traverse et d'audace, tels ces plats « au bord de l'irréel[10] » de Pierre Gagnaire qui lancent le ton : « Jusqu'où peut-on aller trop loin ? » Et Gagnaire de répondre par un coulis de légumes verts astringents. Leçon de relativisme des plats-odyssées où meurent les frontières, comme le saumon confit servi tiède, condiment oignon, rose et menthe, coulis moscatel, tamarin et cumin de Pascal Barbot[11]. Anoblissement des ostracisés, avec la betterave rôtie en croûte de sel d'Alain Passard, montée en grade. Hommage rendu au classique par le flan pâtissier de Jacques Genin, qui montre que l'hédonisme n'est pas *tabula rasa*, ni ruée vers l'insolite. Leçons de choses, leçons de vie, odes à l'existant. À corps perdu, on est toujours gagnant, puisque philosopher, c'est apprendre à vivre.

Illustration de Ronan Badel

NOTES :

1. F. Nietzsche, *Le Gai Savoir* dans *Œuvres*, II, traduit de l'allemand par Henri Albert, Paris, Robert Laffont, 1993, p. 30.

1. E. M. Cioran, *Précis de décomposition*, dans *Œuvres*, Paris, Gallimard, 1995, p. 732.

2. E. M. Cioran, *op. cit.*, p. 666.

3. H. Wetzel, dans *Encyclopaedia Universalis*, article « Hédonisme », corpus 9, Paris, 1984, p. 157-159.

4. B. Spinoza, *Éthique*, Paris, GF-Flammarion, 1965, p. 196-197.

5. *Les Cyniques grecs, fragments et témoignages*, choix, introduction et notes par Léonce Paquet, Paris, Librairie Générale Française, 1992, p. 88.

6. C. Palahniuk, *Fight Club*, traduit de l'américain par Freddy Michalski, Paris, Gallimard, 1999, p. 36-37.

7. M. Onfray, *La raison gourmande*, Paris, Grasset, 1995, p. 246.

8. Diogène, dans *Les Cyniques grecs, Lettres de Diogène et Cratès*, traduit du grec ancien par Georges Rombi et Didier Deleule, Arles, Actes Sud, 1998, p. 48.

9. J.-K. Huysmans, *À rebours*, Paris, Gallimard, 1977, p. 244.

10. P. Gagnaire, dans I. Astier, *Cuisine inspirée, l'audace française*, Paris, Agnès Viénot, 2007, p. 191.

11. Pascal Barbot est le chef triplement étoilé de *L'Astrance*, à Paris.

JULIETTE

« Je me suis autorisé le plaisir... »

J'ai eu l'occasion d'entendre Juliette sous un chapiteau posé sur l'herbe bien grasse de ma Normandie profonde, elle chantait sous une toile secouée par le vent, les conditions étaient exécrables, mais elle a été une tornade qui a bien vite fait oublier les conditions d'exercice périlleux de sa prestation... Plus tard, elle est venue à Argentan, dans ma ville natale : elle y a brocardé les édiles, comparé la salle des fêtes à une baignoire, et fait savoir que, vaille que vaille, il fallait bien y aller... Une autre fois, je l'ai croisée dans un studio de France Culture, elle terminait un enregistrement, j'attendais mon tour : une fois encore, elle a infusé la vie, décidé comme une déesse de l'Olympe que la foudre n'était pas le monopole de Zeus ! J'aime sa vitalité dans un monde, la chanson, où l'anémie semble aujourd'hui la vertu cardinale.

M. O.

En musique, mon premier vrai plaisir a été de me sentir capable de créer. J'ai retrouvé récemment une partition que j'ai écrite à onze ou douze ans. Je suis dans la préadolescence, avec des fantasmes romantiques, des rêveries évanescentes – tout ce que raconte Chopin. Alors j'improvise et je note ensuite ce dont je veux me souvenir, et qui est du faux Chopin. À ce moment ressort tout le savoir accumulé bon gré mal gré pendant tous ces mercredis après-midi perdus depuis que j'ai sept ans et apprends le piano. Le plaisir arrive quand je me sens créatrice, quand je comprends à quoi sert le matériau qu'on m'a inculqué.

Aujourd'hui, je travaille mes chansons de la même manière. J'ai un ordinateur rempli de petites idées qui me viennent en improvisant au clavier et que j'essaie de fixer. Que ces morceaux de musique me servent ou pas, j'ai toujours le plaisir de jouer n'importe quoi et d'en faire sortir quelque chose. En revanche, j'ai un piano dans ma maison dans le Sud et, parfois, je prends la partition d'un nocturne de Chopin pour la travailler. Même si je ne suis pas très douée et que je dois y passer beaucoup de temps, c'est un vrai plaisir de lire la musique. Mais à douze ans, ça ne l'était pas.

Mozart et Pink Floyd

Le piano ne vient pas de mon père, qui pourtant était musicien professionnel. Je crois qu'il avait trop le souci de la liberté des uns et des autres pour imposer ses choix de vie à ses enfants. C'est ma grand-mère paternelle qui m'y a poussée. Elle avait un piano, avait appris à en jouer dans sa jeunesse et, mon père étant un gentil garçon, il a obéi et m'a mise à la musique, comme lui y avait été mis avant moi. La musique a commencé par être plutôt punitive. Elle me privait de beaucoup de joies de mon âge, comme d'aller jouer au foot avec les copains plutôt que de me rendre à mes cours de solfège. Vers onze ans, j'ai changé de professeur de piano. Je crois beaucoup au déclencheur pédagogique : il n'y a pas de bons profs, mais des profs en adéquation avec un certain nombre

d'élèves. Celle-ci savait exactement ce qu'il fallait pour les gamins que nous étions : nous jouions Mozart, mais nous pouvions aussi arriver avec une partition des Pink Floyd.

Mon premier intérêt personnel pour la chanson vient de là : c'est avec ce prof que j'ai découvert Catherine Ribeiro, alors qu'à la maison, nous avions seulement les grandes références de la chanson – Brassens, Brel et Ferré. J'ai connu Elton John parce qu'un copain du cours de piano en étudiait avec elle. C'est à partir de ce moment-là que je me suis construit une culture musicale variée.

J'aurais pu avoir cette ouverture par mon père, qui avait pratiqué le music-hall, le jazz, la musique contemporaine, les variétés... J'avais à la maison cet exemple : tout est possible, mais à condition d'avoir obéi à la discipline imposée par les conservatoires et les professeurs. Je trouve dommage que l'on doive être un technicien de la musique pour être autorisé à jouer de la musique. Je conserve cette belle image du film *Jamais le dimanche* de Jules Dassin, après que l'Américain a expliqué au joueur de bouzouki qu'il n'est pas un vrai musicien parce qu'il ne sait pas lire une partition. Il est tellement désespéré qu'il va s'enfermer dans les toilettes et personne n'arrive à l'en faire sortir jusqu'à ce que Melina Mercouri (une belle figure hédoniste, dans ce film !) le convainque en lui disant que les oiseaux ne savent pas lire de partition alors qu'il est incontestable qu'ils font de la musique. Alors, on entend le loquet de la porte qui s'ouvre...

L'autorisation est très importante. J'ai commencé à prendre du plaisir au piano quand je me suis donné l'autorisation de créer. Je dois à mes parents de considérer que dans la vie, en général, « j'ai le droit ». J'ai un sens moral très développé, je sais ce qui est bien et ce qui est mal et, à condition que ce ne soit pas d'aller casser la gueule à mon voisin, je me sens autorisée à faire ce que je veux. Alors, quand j'arrive

devant ma prof de piano, pose ma partition et lui dis
« voilà ce que j'ai écrit cette semaine », elle ne me dit
pas que je n'en ai pas le droit – ce qu'aurait peut-être
fait la vieille demoiselle qui a été ma première prof.
J'ai le droit d'écrire du faux Chopin et, comme c'est
un droit que je prends, je n'en tire que du bénéfice.
Et j'ai en face de moi quelqu'un qui ne me dit pas
non. De ce point de vue, je suis moi-même assez
pousse-au-crime. Chaque fois que l'on me demande
mon avis, après les concerts ou au hasard des rencontres, je dis toujours la même chose : allez-y, écri-
vez, faites de la musique, personne ne peut vous en
empêcher ! On ne devrait pas enseigner l'art à l'école,
mais pousser les enfants vers la pratique : voici des
pinceaux, voici un piano, voici des crayons, voici du
papier, vas-y, essaye !

Comédienne ou avocate

Pour ma part, c'est parce que je chantais les chansons des autres que j'ai commencé à en écrire. J'écrivais déjà : à sept ou huit ans, j'écrivais la suite des
Petites filles modèles de la comtesse de Ségur. Puis je
pense que j'ai passé une adolescence harmonieuse car,
quand j'avais treize ou quatorze ans, j'écrivais des histoires dans lesquelles je mettais toutes mes questions
quant aux choses essentielles de l'existence. Le lien
entre l'écriture et la musique est venu parce que je
chantais. J'ai procédé comme pour mon faux Chopin
quelques années plus tôt : j'improvisais en jouant et,
comme j'ai bonne mémoire, je réécrivais ce que j'avais
improvisé.

Il y a un enthousiasme absolu à dire « je suis
compositeur et j'ai envie de donner aux autres la
musique que j'ai dans la tête ». Qu'on le donne ou
qu'on le vende, il y a un vrai enthousiasme à faire
entendre ce que l'on a inventé. Mais on peut produire

beaucoup de musique sans se montrer, on peut beaucoup composer et ne jamais monter sur scène.

Ce n'est pas parce que j'écris des chansons que je suis devenue chanteuse – c'est le contraire. Chez moi, il y a deux personnalités différentes qui au départ n'ont pas de lien très affirmé : étant très exhibitionniste et ayant très envie de me montrer, je me sers de ce que je sais faire pour monter sur scène. Il y a, d'une part, le plaisir d'une musicienne et, d'autre part, le plaisir d'une personne qui veut être regardée.

Si je n'avais pas joué de musique et été armée pour devenir chanteuse, peut-être aurais-je été comédienne ou avocate, carrières qui m'ont tentée à un moment ou à un autre. J'aurais été avocate au pénal, bien sûr, avec de grandes manches et défendant des causes indéfendables, ou comédienne parce que c'est un bon moyen d'être sur scène sans un grand bagage technique. Mais je n'ai pas forcément le sentiment que mon apprentissage du piano dans mon enfance me destinait à devenir chanteuse.

D'ailleurs, dans mon dernier spectacle, seule au piano, je me suis amusée à amener le public à penser que j'étais deux – la pianiste et la chanteuse. Il est vrai que quand je m'accompagne moi-même, je pense à deux choses à la fois et il y a parfois une Juliette qui est plus contente que l'autre. Alors, sur scène, je faisais comprendre au public que la chanteuse était sortie de scène et que la pianiste attendait son retour. Alors je jouais au piano une suite de Bach pour violoncelle, transcrite pour la main gauche. Et il est curieux que, quand je joue du piano sans chanter, je ne suis pas la même personne. Curieusement, j'étais très inquiète de ce moment-là et je me suis posé beaucoup de questions quant à ce que j'avais le droit de faire ou pas. Et c'est la chanteuse qui a poussé la pianiste à jouer Bach.

« J'ai des références et je les utilise »

Aujourd'hui, je suis absolument en paix avec la musique classique. Je n'ai aucun regret, aucun scrupule. C'est mon fonds culturel et j'en écoute beaucoup. J'écoute volontiers la *Norma* de Bellini ou une symphonie de Mozart, je garde Stravinsky et Chostakovitch pour les jours où je suis un peu torturée. Mais écouter est pour moi une activité à part entière. La musique de fond m'est proprement insupportable. C'est une banalisation qui la rend tellement quotidienne qu'elle en devient immatérielle et qu'ensuite on peut tenir un discours selon lequel elle doit être gratuite. Le téléchargement illégal repose sur cette pratique : pourquoi acheter de la musique alors qu'on en entend partout, qu'elle est tellement permanente qu'elle en perd toute sa valeur. Ne parle-t-on pas de « musique de supermarché » ? Mais faites une belle chanson qui devient un tube : elle deviendra invariablement de la musique de supermarché. Un jour, je faisais mes courses et j'ai entendu soudain *Foule sentimentale* d'Alain Souchon – avec tout ce que raconte cette chanson ! CQFD...

En ce qui me concerne, cela ne me pose pas de problème d'admettre que j'appartiens à une lignée. On l'appelle chanson à texte, chanson Rive gauche, peu importe. C'est une chanson qui raconte des histoires, et les raconte sur scène. Le music-hall, donc. Je revendique cette lignée, même si je suis une des dernières à notre époque. Je suis une survivante, mais j'aime aussi que des petits jeunes continuent dans cette veine.

Je fais très bien mon boulot, les gens prennent plaisir à venir me voir sur scène parce que j'ai aussi cette personnalité exhibitionniste et que j'y prends un vrai plaisir. Mais je suis très lucide : je ne suis pas un génie, je suis marquée par des filiations, j'ai des références – et je les utilise. Ça ne me pose plus de souci depuis longtemps. Au contraire ! J'ai récemment écrit une chanson pour le prochain album de Maurane et, en travaillant, j'ai remarqué que le refrain aurait pu être écrit par Nougaro. Eh bien, je le revendique : je suis un artisan, je fais ce que j'ai appris à faire, j'appartiens à une lignée.

Chaque homme se croit unique, qu'il soit cantonnier, médecin ou artiste. Il est bien qu'on se donne le droit d'être unique et je sais qu'il est difficile de reconnaître que l'on est dans une filiation. Un génie ne ressemble à personne, un génie se fait copier – et pas pendant quelques saisons !

« Puisque ces mystères nous dépassent... »

Ce que je fais est de l'artisanat et il faut bien dire ce qui est : la dévalorisation de la musique commence par l'enregistrement. On a d'abord enregistré ce qui était exceptionnel et – effectivement – c'est beau d'entendre la voix de Chaliapine. Mais très vite, c'est devenu une production industrielle et on a enregistré tout et n'importe quoi. Ainsi, on a fait une star de Berthe Sylva, qui est la dévalorisation absolue de la chanson réaliste. Et, aujourd'hui, on est sûr qu'au moins 95 % de la production discographique sera oubliée dans vingt ans. Ça ne me dérange pas dans la mesure où ce qu'on rajoute est de l'artisanat, de la copie d'original sans génie. Si toute cette production était géniale, c'est-à-dire uniquement constituée de formes inédites, on ne saurait plus où donner de la tête.

Quand on est artiste, on pense à la pérennité de son travail, évidemment. Que l'artiste ait envie que son œuvre lui survive et soit décorée des insignes glorieux et flamboyants de la postérité, c'est normal. Mais il faut aussi se rendre à l'évidence : nous ne sommes que des grains de sable. Et nous faisons comme nous pouvons, comme ça vient, comme ça nous fait plaisir.

C'est pourquoi je pense qu'il faut jeter tous les commentaires de texte commençant par « l'auteur a voulu dire ». Il n'y a pas de vérité unique et universelle dans la réception que l'on peut avoir d'une œuvre d'art. L'auteur a utilisé des images et des humeurs dans l'instant, et c'est pourquoi j'aime tant cette phrase merveilleuse de Jean Cocteau : « Puisque ces mystères nous dépassent, feignons d'en être les organisateurs. » J'en ai un exemple tout bête dans une chanson qui s'appelle *Mémère dans les orties*. J'y fais une référence à madame de Pompadour, que je fais suivre d'une série de métaphores poissonnières (« Vous me faites penser/À du poisson pas frais/Il n'y a qu'à regarder/Votre gueule de raie... »). Un jour, on me fait remarquer que c'est d'autant plus fort que madame de Pompadour s'appelait, de son nom de jeune fille, Jeanne-Antoinette Poisson. J'ai regardé mon interlocuteur et je lui ai dit : « Eh oui, je sais. »

Dans mes chansons, je me sers de ce que je sais mais je n'en fais pas une gloire. Je n'estime pas appartenir à l'élite parce que je pense que ce serait bien le moins que tout le monde ait autant de culture. Pour ma part, je ne l'ai pas fait exprès. Je pense avoir eu une éducation assez correcte : j'ai lu des livres, je m'intéresse à beaucoup de choses, j'ai un regard critique et on m'a même appris à réfléchir. Ce n'est pas ma fonction d'artiste qui me donne une vie différente de beaucoup de gens, mais cette éducation, éducation qui m'a permis de savoir qui je suis, d'avoir une conscience politique, de comprendre pourquoi il faut passer du temps à réfléchir à certaines questions...

Je déteste la mythologie de l'artiste qui ne passe pas l'aspirateur parce qu'il vit dans un autre monde et ne descend pas jusqu'aux contingences matérielles. Je suis très au courant du prix de la baguette de pain et du montant du smic – j'ai été élevée comme ça. Je m'intéresse aux autres et je m'intéresse au monde dans lequel je vis. Je ne flotte pas dans un univers dans lequel n'existe que ma création.

Simplement, mon luxe est d'avoir organisé ma vie de manière à ce que les choses obligatoires ou déplaisantes ne soient pas plus nombreuses que les choses plaisantes. Le principe de plaisir domine ma vie, mais pas uniquement dans mon métier et dans la création. Et ce choix n'a rien à voir avec le fait que je sois une artiste. Je l'ai décidé. Mon éducation m'y a préparée, mais c'est surtout ma propre décision. Je me suis autorisé le plaisir.

Photographie : © Vanessa Filho

PETITE MESSE SOLENNELLE

Enfin nous sommes là, entre nous, tous les deux
Seul à seul, tête à tête et les yeux dans les yeux
J'avais tant à te dire mais par où commencer ?
Deux verres, une bouteille, je crois que j'ai trouvé !

•

Le vin délie la langue, il entrouvre le cœur
Il donnera ce soir le ton et la couleur
Rouge ardent de la braise et cristal du désir
À notre nuit d'amour, buvons pour le plaisir !

•

Qu'il soit de Blaye ou d'Écheronne,
De Vacqueyras ou de Tursan
(De Vacqueyras ou de Tursan)
Le vin réjouit le cœur de l'homme
Et de la femme, évidemment !
(Qu'il soit de Blaye ou d'Écheronne)
(Le vin réjouit le cœur de l'homme !)

•

Né d'une âpre syrah, d'un peu de carignan
D'une terre solaire, des mains d'un paysan
C'est avec ce vin-là qu'on dit qu'Ulysse a mis
Le cyclope à genoux et Circé dans son lit

•

Le vin délie les sens, il entrouvre les draps
Et pourtant, sous sa coupe : je ne mentirai pas,
Je bois, moi, pour le goût mais aussi pour l'ivresse
Pour cette nuit d'amour, soyons donc sans sagesse !

•

Les joues vermeilles, les yeux qui brillent
Chavirés par de doux émois
(Chavirés par de doux émois)
Le vin réjouit le cœur des filles
Et des garçons, ça va de soi
(Les joues vermeilles)
(Les yeux qui brillent)
(Le vin réjouit le cœur des filles)
Noé sur son rafiot en prit quelques futailles
Aux noces de Cana, au milieu des ripailles

C'est ce vin que Jésus fit d'une eau ordinaire
Et notons qu'il n'a pas eu l'idée du contraire

•

Le vin délie les âmes, il entrouvre le ciel
De sa petite messe gourmande et solennelle
Prions saint Émilion, saint Estèphe et les autres
Pour une nuit d'amour, voilà de bons apôtres !

•

De Kyrie en Te Deum
Vin du Cantique et sang divin
(Vin du Cantique et sang divin)
Le vin réjouit le cœur de l'homme
Du Père, du Fils, de l'Esprit Saint !
(De Kyrie en Te Deum)
(Le vin réjouit le cœur de l'homme)

•

Le vin comme l'amour, l'amour comme le vin
Qu'ils soient impérissables, qu'ils soient sans lendemain
Qu'ils soient bourrus, tranquilles, acerbes ou élégants
Je suis sûre qu'il ne faut pas mettre d'eau dedans !

•

Oh, ne partageons pas ces amours qui s'entêtent
Pas plus que ces vins-là qu'on boit pour l'étiquette
Tu es ce que tu es, je suis comme je suis
À notre vie d'amour, buvons jusqu'à la lie !

•

Mais taisons-nous et voyons comme
Finit cette nuit attendue
(Mais taisons-nous et voyons comme)
(Le vin réjouit le cœur de l'homme !)
Le vin réjouit le cœur de l'homme
Et puis le mien... bien entendu !

•

Paroles, musiques et arrangements : Juliette Noureddine
© « Bijoux et Babioles » (Polydor, 2008)
Reproduit avec l'aimable autorisation
des éditions Studios Mademoiselle

BETTINA RHEIMS

Animal

Tout le monde a vu une photo de Bettina Rheims, sans forcément le savoir, puisque c'est à elle qu'on doit le portrait officiel de Jacques Chirac en président de la République... Son travail évolue habituellement dans la sophistication et l'esthétisme, au sens noble des termes. La mode comme un art, l'art comme une mode, l'un et l'autre y perdant et y gagnant ce qu'ils s'ajoutent et se soustraient mutuellement.

J'avais soutenu Bettina lors de la parution d'*I.N.R.I.* en 1998, un travail de contextualisation stylistique de la légende chrétienne. J'avais aimé qu'elle opère une transvaluation sur le principe de la contre-histoire en montrant l'incarnation *réelle*, et non symbolique, de l'aventure du dénommé Jésus. La corporation religieuse l'avait évidemment poursuivie de sa vindicte, j'avais écrit pour la soutenir, nous avions alors fait connaissance.

M. O.

1

Dans l'homogénéité de son œuvre,
on trouve un style : glamour et kitsch,
j'ai déjà dit sophistication et esthétisme,
à quoi j'ajoute chromatismes et sortilèges, baroque
et artifices, chairs et solitudes, oxymores aussi,
puisque j'en avais fait jadis l'idée conductrice
d'un petit livre sur son travail. Mais j'aime
la contre-allée de ses clichés les plus connus,
comme cette série effectuée avec des animaux
empaillés. Informé de la totalité de son œuvre,
on regarde ses femmes nues comme
des bêtes naturalisées et le bestiaire bourré
de paille comme des créatures... à poil. La vérité
de Bettina Rheims, il me semble
– et si l'on me permet cette audace
de décider de la vérité d'un être –, se trouve
dans cette série :
un authentique travail sur *la nature morte*.

CACATOÈS DE DOS, MARS 1994, PARIS

2

Ara, tigre, colombe, mouton...
Toute une arche de Noé peuple cette série.
Bien sûr, le singe est le plus à même
de nous renseigner sur nous-mêmes.
Évidente parenté dans l'universel darwinien,
certes, mais également dans
le particulier de notre vie quotidienne :
combien de nos contemporains manifestent,
en costume trois-pièces, en déguisement de rappeur,
en homme-tronc derrière
le petit écran, en chef de l'État,
telle ou telle mimique de macaque, tel trait
de guenon, telle subtilité de gorille,
telle splendeur de gibbon,
tel tropisme de bonobo ? Chacun a les noms...

TIGRE, GROS PLAN, SEPTEMBRE 1982, PARIS

MOUTON DE FACE EN LARGEUR, AOÛT 1982, PARIS

SINGE POILU DE FACE, AOÛT 1982, PARIS

3

Cette sorte de nature morte est morte,
et bien morte. Au premier regard,
on ne voit pas ce qu'il faut voir : l'acte
photographique, par essence,
est cristallisation, gel, momification du temps,
il arrête la durée et assèche
le fleuve d'Héraclite, il stoppe le mouvement
en de longs figements d'être.
Une photo est toujours une image de la mort.
Elle immobilise pour l'éternité,
à la manière de la camarde. Elle prend date
sur la fin du temps : l'image fournit
un monde de pur présent enchâssé dans un monde
de pur écoulement. Dans
un second temps, un événement nous fait voir
ce qu'il faut voir : un trou dans
l'épiderme, un cuir trop sec et déchiré
au lieu d'une peau, le dépassement saugrenu
et inopiné d'un brin de la paille qui donne volume
au spectre de l'animal,
et l'on comprend que le singe
est un cadavre de singe. Tout comme
un homme porte en lui le cadavre qu'il sera
et que toute photo montre avant l'heure...

M. O.

COLOMBE DE FACE, JUILLET 1983, PARIS

GUY BEDOS

Le philosophe et le saltimbanque

Guy Bedos fait partie du patrimoine culturel français, je l'ai donc connu, comme tout le monde, en le voyant à la télévision. Il a une supériorité sur tous les autres comiques : il aborde tous les thèmes sans jamais une once de vulgarité, en évitant toute grossièreté, sans recourir une seule fois à la scatologie avec laquelle on est certain de remplir le stade de France. Subtil, malin, intelligent, vif, capable d'improviser (ils sont rarissimes...), mais aussi profond. Critique libertaire sur le terrain politique, il m'a fait penser à Diogène qui fait du rire non pas une fin mais un moyen philosophique pour déconstruire le monde – « Il dénuda nos chimères », disait-on du philosophe de Sinope. J'ai rencontré Guy Bedos pour permettre à Siné de lancer son hebdo ; nous nous étions beaucoup parlé par téléphone ; nous nous sommes un jour rencontrés ; nous ne nous sommes plus quittés : c'est un homme libre, donc rare. Sa mélancolie me touche, sa colère me ravit, sa fidélité me comble.

M. O.

Histoire d'une amitié qui, de mois en mois, d'année en année, se fortifie.

Le philosophe et le saltimbanque.

J'avais eu vent de son existence mais c'est à la télévision que je l'ai vraiment identifié, un soir où « L'Île de la tentation » n'était pas programmée.

Pour avoir, lorsque j'étais enfant, servi la messe et accompagné des enterrements religieux – mes premiers pas au théâtre –, je me suis longtemps vécu comme agnostique (la virginité de Marie, un vaudeville dont ce malheureux Joseph serait le premier cocu de l'histoire du monde !), mais c'est à Onfray et à son *Traité d'athéologie* que je dois de m'être, sur le tard, réellement converti à l'athéisme.

Athée convaincu, donc, grâce à lui.

Libertaire, hédoniste, épicurien, aussi, bien avant de le connaître, mais c'est sous son influence que j'ai mis des mots sur ce dont j'étais porteur depuis toujours.

Ce soir-là, à la télévision, il m'avait enthousiasmé en professeur de philosophie, dans ce style qui lui est propre, où le savoir et la vie se confondent. Parmi ses élèves, il ne m'avait pas échappé que certains, à l'écran, apparaissaient de toute évidence comme « issus de l'immigration ». (Tragiquement identiques à ceux que Sarkozy, Hortefeux, Besson, Estrosi et consorts, depuis qu'ils sont aux manettes, ont pris, si l'on peut dire, comme têtes de Turcs !)

Onfray, avec son Université populaire de Caen, puis de Paris, a, de fait, bâti à sa manière des lieux de résistance contre cette ignominie politicarde. Sans le secours de la moindre subvention d'État. À ses frais. Sur ses droits d'auteur. Magistrale illustration de la superbe phrase de Victor Hugo : « Construisez des écoles, cela vous évitera de construire des prisons. » C'est ce que fait Onfray. Il construit.

Dans l'ambiance du moment, respect. Et reconnaissance.

Autre sujet de gratitude, plus égoïste : à mon grand étonnement, Onfray voit en moi un improbable successeur de Diogène, le fameux philosophe de l'Antiquité grecque, qui, depuis son tonneau, déambulant de ville en ville, d'agora en agora, cherchait l'Homme, sa lanterne à la main. (À cette différence près que, depuis un demi-siècle, pour aller porter la bonne parole aux quatre coins de la francophonie, j'ai accès à des automobiles et à des hôtels assez confortables !)

N'empêche, cette filiation, avouons-le, ne me déplaît pas.

Je serais donc à la philosophie, à quelques détails près, ce que le Douanier Rousseau était à la peinture : un naïf. Pourquoi pas ?

Au moment où j'écris sur Onfray, je le lis. Depuis le début de notre relation, il m'expédie une kyrielle d'ouvrages de son cru que je m'efforce de décrypter à mon rythme.

Il écrit plus vite que je ne lis.

Ces jours-ci, je me vautre dans *Cynismes, portrait du philosophe en chien*, consacré à Diogène, qu'il m'a plaisamment dédicacé : « À Guy, cet éloge de son arrière-grand-père ! Son ami : Michel ». Où je mesure le chemin qu'il me reste à parcourir pour rejoindre mon aïeul.

À en croire Onfray – je le crois –, notre philosophe itinérant prenait ses repas en public et, lorsqu'il n'était pas en compagnie féminine, se masturbait sur place.

Pudique comme je suis, il va falloir que je m'applique.

En fusion avec la nature, animaux toujours proches, qui s'offrent en modèles, je m'y reconnais, sauf peut-être pour le poisson masturbateur – décidément ! – que je n'ai jamais eu la chance de rencontrer, mais, au bord de la Méditerranée corse où je me trouve, j'ai bon espoir.

Au-delà de ces diverses approches de l'onanisme, incontournables dans l'ouvrage, Onfray dialogue avec Diogène, mais aussi avec Nietzsche, son vieux complice, pour le saluer, Platon, punching-ball préféré, pour le fustiger, et même Sade, le divin marquis qui, tel qu'on l'apprécie, ne se fait pas prier pour célébrer la sodomie comme suprême expression de la liberté. (Si l'on veut privilégier le plaisir plutôt que la reproduction, imparable en effet.) Assez perturbant, tout cela.

Au point où j'en suis de ma lecture, je ne sais plus où j'en suis. Ni qui je suis.

Pause repas. J'ai aperçu dans le réfrigérateur un poisson d'origine inconnue que je vais interroger pour savoir ce qu'il pense des Grecs...

Retour à l'établi. Rien obtenu du poisson potentiellement masturbateur, il était corse et pratiquait l'omerta. Je me suis consolé avec une tranche de jambon de pays.

Ces considérations alimentaires me ramènent à un dîner que Joë et moi avons eu le bonheur d'organiser à la maison – nous sommes plus curieux que mondains – à seule fin que Michel Onfray et Boris Cyrulnik se rencontrent pour la première fois. Soirée d'une grande intensité. L'échange était à la fois chaleureux et passionnant. (Penser à interroger Cyrulnik à propos de la tempête provoquée par le pamphlet sur Freud publié depuis par Onfray. Inversement à d'autres pointures de sa corporation, il ne s'est pas manifesté en procureur. Tant mieux. Ça ne méritait pas tout ce foin.)

Revenons à Diogène : narcissique comme je suis, je m'obstine à chercher la filiation annoncée par Onfray. Humour, ironie, dérision, provocation, subversion, autant de mots pour habiller le philosophe au chien qui me vont bien, en effet. Ma parenté avec le vieux Grec ne relèverait donc pas seulement de l'affection exacerbée que semble me vouer mon jeune maître de philosophie ? Me voilà rassuré.

Passé ce court moment d'autosatisfaction, je suis vite ramené à la modestie.

Au pied de la statue de Diogène érigée par Onfray m'apparaissent toutes les désolantes trahisons que j'aurai, au cours de mon existence, commises vis-à-vis de ma « philosophie » originelle.

Contre le mariage, je me suis marié trois fois.

Contre l'argent-roi, certes, mais, chargé de famille, soumis, pour le confort de mes êtres chers – très chers – à l'exigence de gagner ma vie afin de ne pas trop les décevoir.

Il n'y a que cet indispensable « Ni Dieu ni maître », ce rejet de toute autorité religieuse, intellectuelle, politique, militaire auquel je me serai agrippé tout au long de ma route, qui me rendrait plausible en héritier diogénique.

Pour cet examen de philosophie successorale, je m'accorde donc la moyenne. Merci, Michel.

Si imprévisible qu'il soit, le couple formé par le philosophe et le saltimbanque est au bout du compte assez légitime.

Cet Onfray que certains perçoivent comme un homme austère et sentencieux porte en lui le rire, l'espièglerie et la fraîcheur d'un gamin. Encore un qui n'a pas tué l'enfant qu'il a été.

Reçu récemment au théâtre du Rond-Point – mon théâtre de ces années-ci – pour participer, en invité principal, à la dernière rencontre de son Université populaire parisienne, au cœur de la polémique autour de son livre sur Freud, j'avais souhaité que l'on passe, en bande-annonce de ma prestation scénique, l'enregistrement télévisé de mon sketch « Psycomédie » qui avait fait beaucoup rire en 2002 à l'Olympia... En quelques minutes et alors qu'Onfray et moi ne nous connaissions pas encore, j'y exprime, dans ma musique personnelle, à peu près la même distance que la sienne pour ce qui est du freudisme et de la psychanalyse.

Moment fort de la soirée : assis à trois sur scène avec notre hôte Jean-Michel Ribes, nous avons très agréablement improvisé.

En bouquet final, Macha Méril, ma tendre partenaire dans *Le voyage de Victor*, la pièce de mon fils Nicolas, apparaît sur scène, précédée d'un gigantesque gâteau à roulettes, pour célébrer mon anniversaire. Le public, debout, entonne « Happy Birthday ». Une idée de Michel. Joli souvenir, à envoyer en DVD à Mme Roudinesco pour la détendre.

Un autre Onfray.

Nous nous retrouverons à l'automne.

Plans rapprochés, Guy Bedos, Éditions Stock, 2011.
© Éditions Stock, 2011
© Éditions J'ai lu, 2012

10280

Composition
NORD COMPO

Achevé d'imprimer en Italie
par GRAFICA VENETA
le 11 août 2013

Dépôt légal : août 2013
EAN 9782290054529
OTP L21EPLN001212N001

ÉDITIONS J'AI LU
87, quai Panhard-et-Levassor, 75013 Paris

Diffusion France et étranger : Flammarion